»Käse ist Käse im Sinne der Käseverordnung«

Für
Arndt, BGH-Richter
in spe

von
Patrick

Dessau, 30.01.2005

Falk van Helsing

»Käse ist Käse im Sinne der Käseverordnung«

Die kuriosesten juristischen Definitionen

Eichborn

1 2 3 4 07 06 05

Umschlaggestaltung: Christina Hucke
Lektorat: Oliver Thomas Domzalski
Gesamtherstellung: Fuldaer Verlagsanstalt, Fulda

ISBN 3-8218-4909-6

Verlagsverzeichnis schickt gern:
Eichborn Verlag, Kaiserstraße 66, D-60329 Frankfurt am Main
www.eichborn.de

INHALTSVERZEICHNIS

VORWORT

Wenn ein Jurist wissen will,
was ein Baum ist,
sieht er ins Gesetz.
(Ernst Spangenberg)

Zwei Bevölkerungsgruppen gibt es, die ohne Definitionen vollständig hilflos sind: Beamte und Juristen. Am Definieren erkennt man den Übergang vom Menschen zum Juristen[1]. Eine Definition (von lat. *de* ab, weg *finis* Grenze, also *Definitio* = Abgrenzung) ist die genaue Bestimmung eines Begriffes durch Beschreibung und/oder Erklärung seines Inhalts. Die Definitionsgläubigkeit der Juristen macht dabei auch vor Alltagsbegriffen nicht halt. Juristen sind berühmt für ihre Fähigkeit, Begriffe, die jedes Kleinkind kennt, so zu beschreiben, daß niemand mehr durchblickt. Freuen Sie sich auf kuriose Definitionen wie die folgenden:

- Praline ist ein Erzeugnis aus gefüllter Schokolade in Bissengröße.
- Eine Sache ist nicht Zubehör, wenn sie im Verkehr nicht als Zubehör angesehen wird.
- Das Huhn ist aus ethologischer Sicht ein sozial und territorial lebender Scharr- und Flattervogel mit klar strukturierter Rangordnung, dessen wichtigstes Fortbewegungsmittel die Beine sind.

[1] Fritjof Haft, Juristische Rhetorik, 1985³ S.60. Die definitionswütigen Beamten sind übrigens in der Regel ebenfalls Juristen, so dass alles hier Gesagte auch für sie gilt.

- Der Wertsack ist ein Beutel, der auf Grund seiner besonderen Verwendung im Postbeförderungsdienst nicht Wertbeutel, sondern Wertsack genannt wird, weil sein Inhalt aus mehreren Wertbeuteln besteht, die in den Wertsack nicht verbeutelt, sondern versackt werden.

Nicht wenige Begriffsbestimmungen sind unfreiwillig komisch und geraten zur Realsatire. Der unfreiwillige Humor juristischer Definitionen ergibt sich aus der Beschreibung von Alltagsbegriffen in reinstem Juristendeutsch. Dieses vergnügliche Buch gibt über 300 der kuriosesten und seltsamsten Definitionen wieder. Es ist eine Sammlung der irrsinnigsten sprachlichen Fehlleistungen von Juristen – vom 19. Jahrhundert bis heute. All diese Definitionen gibt es tatsächlich. Sie sind überwiegend Gesetzen und Gerichtsentscheidungen entnommen. Erstaunlich ist dabei die große Anzahl sonderbarer Legaldefinitionen, das sind die in einem Gesetz selbst enthaltenen Umschreibungen eines Rechtsbegriffs. Die Definitionen stammen aus Deutschland, Schweiz, Österreich und der Europäischen Union. Unter jeder Definition finden Sie eine Quellenangabe.
Wenn Sie Geschmack am Definieren bekommen haben, wird Ihnen die Anleitung zum Selberdefinieren am Ende des Buches Spaß machen.

Ein fröhliches Lesevergnügen wünscht Ihnen
Falk van Helsing

1. KÄSE IST KÄSE IM SINNE DER KÄSEVERORDNUNG

Kuriose Definitionen rund um die Nahrung

Honig ist ein süßer Stoff, Ketchup eine Würzsoße und Knäckebrot ein Trockenflachbrot – hätten Sie das gedacht? In diesem Kapitel zeigt sich, daß Nahrungsmittel besonders wehrlose Objekte untauglicher Begriffsbestimmungen sind.

Gulasch

Gulasch ist gestückeltes, gegartes Rindfleisch in gewürzter Sauce.

Nr. 2.511.3 Leitsätze für Fleisch und Fleischerzeugnisse

Mehl

Mehl ist das aus Weizen hergestellte Müllereiprodukt.

Art. 135 Abs. 1 Lebensmittelverordnung (Schweiz)

Marmelade

Marmelade ist eine streichfähige Zubereitung, die aus Zukkerarten und Pülpe, Mark, Saft, wäßrigen Auszügen oder Schalen von Zitrusfrüchten unter Verwendung von mindestens 200 g Zitrusfrüchten, davon mindestens 75 g Endokarp, pro 1.000 g Erzeugnis hergestellt wird.

Nr. 5 Anlage 1 Verordnung über Konfitüren und einige ähnliche Erzeugnisse

Hackfleisch

Hackfleisch ist Fleisch, das durch Hacken zerkleinert oder durch den Fleischwolf gedreht wurde.

Art. 2 Nr. 2 a) Richtlinie 94/65/EG

Senf

Senf ist eine verzehrfertige Zubereitung, die auf der Grundlage von Senfkörnern hergestellt wird und die zum Würzen von Speisen bestimmt ist.

Richtlinie zur Beurteilung von Senf

Pudding

Pudding und Creme sind halbfeste oder dickflüssige Zubereitungen aus Müllereiprodukten oder Stärke von Getreide, Leguminosen, Kartoffeln oder anderen Knollenfrüchten mit Milch, Fett, Eiern, Zuckerarten, Wasser oder anderen Zutaten.

Art. 150 Abs. 1 Lebensmittelverordnung (Schweiz)

Mayonnaise

Mayonnaise ist eine Würzsoße, die durch Emulgieren eines oder mehrerer Speiseöle pflanzlicher Herkunft in einer wäßrigen Phase, die aus Essig besteht, unter Verwendung von Hühnereigelb hergestellt wird.

Nr. 1 Europäische Beurteilungsmerkmale für Mayonnaise

Margarine

Margarine im Sinne dieses Gesetzes sind diejenigen, der Milchbutter oder dem Butterschmalz ähnlichen Zubereitungen, deren Fettgehalt nicht ausschließlich der Milch entstammt.

§ 1 Abs. 2 Margarinegesetz, RGBl 1897, S. 475

Knäckebrot

Knäckebrot wird als Trockenflachbrot – unter Verwendung von Vollkornschrot, Vollkornmehl oder Mehl aus Roggen, Weizen, anderen Getreidearten oder Mischungen derselben sowie anderer Lebensmittel – mit Hefelockerung oder Sauerteiggärung oder Lufteinschlag auf physikalische Weise oder mit sonstigen Lockerungsverfahren hergestellt.

Leitsätze für Brot und Kleingebäck

Kotelett

Kotelett ist eine knochenhaltige Scheibe aus der rückenseitigen Stammuskulatur, dem Kotelettstrang.

Nr.2.504 Leitsätze für Fleisch und Fleischerzeugnisse

Kartoffeln

Speisekartoffeln im Sinne dieser Verordnung sind zum menschlichen Verzehr bestimmte Kartoffeln der Art Solanum tuberosum L., die den folgenden Kochtypen zugeordnet sind: festkochend, vorwiegend festkochend oder mehligkochend.

§ 1 Abs. 1 Verordnung über gesetzliche Handelsklassen für Speisekartoffeln und Speisefrühkartoffeln

Käse

Käse ist Käse im Sinne der Käseverordnung.

§ 1 Abs. 1 Nr. 2 Verordnung über Preisnotierungen für Butter, Käse und andere Milcherzeugnisse

Ketchup

Tomatenketchup ist eine Würzsoße aus dem Mark und/oder dem Saft reifer Tomaten roter oder rötlicher Sorten, ohne Schalen und Kerne, mehr oder weniger konzentriert.

Richtlinie zur Beurteilung von Tomatenketchup

Gewürze

Gewürze sind getrocknete, kräftig riechende oder schmeckende Pflanzenteile (Wurzeln, Wurzelstöcke, Zwiebeln, Rinden, Blätter, Kräuter, Blüten, Früchte, Samen oder Teile davon), die

Lebensmitteln zur Erhöhung des Wohlgeschmacks zugegeben werden.

Art. 357 Nr. 1 Lebensmittelverordnung (Schweiz)

Gewürzmischungen

Gewürzmischungen sind Mischungen, die ausschließlich aus Gewürzen bestehen.

Leitsätze für Gewürze und andere würzende Zutaten

Fischfilet

Fischfilet ist zusammenhängendes Fischfleisch wie gewachsen, das nach Entfernung der Bauchlappen parallel zur Rückengräte vom Rumpf abgetrennt, enthäutet und soweit wie technisch möglich entgrätet ist.

Leitsätze für Fische, Krebs- und Weichtiere und Erzeugnisse daraus

Fleisch

Fleisch sind alle Teile von geschlachteten oder erlegten warmblütigen Tieren, die zum Genuß für Menschen bestimmt sind.

Nr. 1 Leitsätze für Fleisch und Fleischerzeugnisse

Eis

Speiseeis ist eine durch einen Gefrierprozeß bei der Herstellung in einen festen oder pastenartigen Zustand, z. B. Softeis, gebrachte Zubereitung, die gefroren in den Verkehr gebracht wird und dazu bestimmt ist, in diesem Zustand verzehrt zu werden; im aufgetauten Zustand verliert Speiseeis seine Form und verändert sein bisheriges Gefüge.

Leitsätze für Speiseeis und Speiseeishalberzeugnisse

Eisbein

Eisbeine (Schweinshaxen) sind die Teile der Extremitäten des Schweines zwischen Knie- bzw. Ellbogengelenk und den Fußwurzelgelenken.

Nr. 1.32 Leitsätze für Fleisch und Fleischerzeugnisse

Eiskonfekt

Eiskonfekt sind massive, kühlschmeckende, nichtfigürliche Konfektstücke ohne grobstückige Zusätze bis zu 20 g Einzelgewicht.

Nr. 1.10.1 Begriffsbestimmungen und Verkehrsregeln für Zuckerwaren und verwandte Erzeugnisse

Eiprodukte

Eiprodukte sind Erzeugnisse, die aus Eiern, ihren verschiedenen Bestandteilen oder deren Mischungen hergestellt worden sind.

§ 2 Nr. 1 Eiprodukte-Verordnung

Eier

1. Eier (Schaleneier) sind die von einer unverletzten Kalkschale umgebenen, unbebrüteten Keimzellen des Haushuhnes (lat. *Gallus domesticus*) oder anderer Vogelarten.
2. Das Ei besteht aus:
   a. dem Eidotter (Eigelb): dem homogen gelblich durchscheinenden innersten Teil des Eis;
   b. dem Eiweiß (Eiklar): der den Eidotter umgebenden farblosen bis weißlich durchscheinenden gallertartigen Masse;
   c. der Schalenhaut: der zwischen der Kalkschale und dem Eiweiß liegenden Membran.

Art. 155 Lebensmittelverordnung (Schweiz)

Butter

Butter ist eine Emulsion von Wasser in Milchfett.

Art. 64 Nr. 1 Satz 1 Lebensmittelverordnung (Schweiz)

Brotaufstrich

Brotaufstrich ist ein Lebensmittel aus Zutaten wie Fruchtmus, Fruchtsaftkonzentrat oder Nußpaste, das sich auf Grund seiner Konsistenz zum Aufstrich auf Brot eignet.

Art. 266 Satz 1 Lebensmittelverordnung (Schweiz)

Honig

Honig ist der süße Stoff, den die Bienen erzeugen, indem sie Nektar und Honigtau oder andere an lebenden Pflanzenteilen sich vorfindende zuckerhaltige Säfte aufnehmen, durch körpereigene Stoffe bereichern, in ihrem Körper verändern, in Waben aufspeichern und reifen lassen.

Art. 202 Abs.1 Lebensmittelverordnung (Schweiz)

Brot

Brot wird ganz oder teilweise aus Getreide und/oder Getreideerzeugnissen, meist nach Zugabe von Flüssigkeit sowie von anderen Lebensmitteln (z. B. Leguminosen-, Kartoffelerzeugnisse) in der Regel durch Kneten, Formen, Lockern, Backen oder Heißextrudieren des Brotteiges hergestellt.

Leitsätze für Brot und Kleingebäck

Mahlzeit

Zu den Mahlzeiten gehören alle Speisen und Lebensmittel, die üblicherweise der Ernährung dienen, einschließlich der dazu üblichen Getränke.

BFHE 115, S. 268

Imbiß

Imbißstände sind Gaststättenbetriebe, die dem Schnellverzehr zu dienen bestimmt sind, dementsprechend nur geringe Bequemlichkeiten und eine beschränkte Auswahl an Speisen und Getränken bieten.

Mörtel, § 3 Rn. 7

2. GETRÄNKE SIND FLÜSSIGKEITEN ZUM TRINKEN

Definitionen des Trinkbaren

Mit großem Ernst und Wissensdurst macht sich der definierende Jurist über die Durstlöscher her. Wenn Sie schon immer wissen wollten, was Fruchtsaft eigentlich ist – nämlich überraschenderweise »der aus Früchten gewonnene Saft« –, sind Sie hier genau richtig.

Getränke

Getränke sind Flüssigkeiten aller Art, die nach dem Sprachgebrauch oder der Verkehrsauffassung zum Trinken bestimmt sind und ihrer Art nach meist allgemein zum Löschen des Durstes oder auch ohne Befriedigung eines Durstgefühls genossen werden.

Mörtel, § 1 Rn. 7

Fruchtsaft

Fruchtsaft ist der mittels mechanischer Verfahren aus Früchten gewonnene gärfähige, aber nicht gegorene Saft, der die charakteristische Farbe, das charakteristische Aroma und den charakteristischen Geschmack der Säfte der Früchte besitzt, von denen er stammt.

§ 1 Abs. 1 Satz 1 Verordnung über Fruchtsaft, einige ähnliche Erzeugnisse und Fruchtnektar

Kaffee

Kaffee (Kaffeebohnen, Bohnenkaffee) sind die von der Fruchtschale vollständig und von der Samenschale (Silberhaut) nach

Möglichkeit befreiten, rohen oder gerösteten, ganzen oder zerkleinerten Samen von Pflanzen der Gattung Coffea.

§ 1 Abs. 1 Verordnung über Kaffee, RGBl I 1930, S.169

Tee

Tee (grüner und schwarzer Tee) sind die nach dem üblichen Verfahren zubereiteten Blattknospen und jungen Blätter des Teestrauches (lat. *Camellia sinensis L.*).

Art. 320 Abs. 1 Satz 1 Lebensmittelverordnung (Schweiz)

Whisky

Whisky (Whiskey) ist eine Spirituose, die durch Destillation von Getreidemaische gewonnen wird, welche durch die in ihr enthaltenen Malzamylasen mit oder ohne andere natürliche Enzyme verzuckert und mit Hefe vergoren ist.

Art. 407 Abs. 1 Satz 1 Lebensmittelverordnung (Schweiz)

Wein

Wein ist das Getränk, das durch alkoholische Gärung der frischen, auch eingemaischten Weintrauben (Früchte der Vitis-Arten) oder des frischen Traubenmostes gewonnen wird.

Art. 366 b) Lebensmittelverordnung (Schweiz)

Milch

Milch ist das durch ein- oder mehrmaliges Melken gewonnene Erzeugnis der normalen Eutersekretion von zur Milcherzeugung gehaltenen Tierarten.

§ 2 Abs. 1 Nr. 1 Milch- und Margarinegesetz

Löslicher Kaffee

Löslicher Kaffee ist ein konzentriertes Erzeugnis, das durch Extraktion aus gerösteten Kaffeebohnen gewonnen wird, wobei lediglich Wasser als Extraktionsmittel Verwendung findet und alle Verfahren der Hydrolyse durch Zusatz von Säuren oder Laugen ausgeschlossen sind.

Anhang Richtlinie 1999/4/EG vom 22. Februar 1999 über Kaffee- und Zichorien-Extrakte

Heilquelle

Heilquellen sind natürlich zutage tretende oder künstlich erschlossene Wasser- oder Gasvorkommen, die auf Grund ihrer chemischen Zusammensetzung, ihrer physikalischen Eigenschaften oder nach der Erfahrung geeignet sind, Heilzwecken zu dienen.

§ 38 Wassergesetz

Eierlikör

Eierlikör ist eine Spirituose, die aus Ethylalkohol landwirtschaftlichen Ursprungs gewonnen wird und als Bestandteile hochwertiges Eigelb, Eiweiß und Zucker oder Honig enthält.

Art. 422 Abs. 5 Satz 1 Lebensmittelverordnung (Schweiz)

Bier

Bier ist ein alkoholisches und kohlensäurehaltiges Getränk, das aus mit Hefe vergorener Würze gewonnen wird, der Doldenhopfen oder Hopfenprodukte zugegeben werden. Die Würze ist aus stärke- oder zuckerhaltigen Rohstoffen und aus Trinkwasser hergestellt.

Art. 394 Abs. 1 Lebensmittelverordnung (Schweiz)

Alkoholfreies Bier

Alkoholfreies Bier ist Bier (Art. 394), dem der Alkohol entzogen ist oder bei dem die Gärung der Würze so gelenkt wird, daß kein Alkohol entsteht.

Art. 309 Nr. 1 Lebensmittelverordnung (Schweiz)

3. LOLLI IST EIN BONBON MIT STIEL

Zuckersüß definierte Süßigkeiten

Selbst Juristen naschen bisweilen. Allerdings nie ohne juristisch exakte Begriffsbestimmung. Hoffentlich wird der süße Genuß dadurch nicht versalzen.

Zucker

Zucker im Sinne dieses Gesetzes ist der aus Zuckerrüben, Zuckerrohr oder Melasse hergestellte Zucker.

§ 1 Abs. 1 Zuckergesetz

Zuckerwaren

Konditorei- und Zuckerwaren sind süß schmeckende Lebensmittel, die zum wesentlichen Teil Zuckerarten enthalten.

Art. 218 Lebensmittelverordnung (Schweiz)

Liebesperlen

Liebesperlen sind kleine, kugelförmige Dragees, die aus Zuckerarten und/oder Zuckeralkoholen bestehen und zuweilen durch Dragieren weiterer Zuckerdecken auf Nonpareille hergestellt werden.

Nr. 1.6 Begriffsbestimmungen und Verkehrsregeln für Zuckerwaren und verwandte Erzeugnisse

Lutscher

Ein Lutscher (auch Lolli genannt) zeichnet sich dadurch aus, daß der zu verzehrende bzw. zu lutschende oder schleckende Karamellteil auf einem Stiel aufgebracht ist. Ohne einen solchen

Stiel würde es sich nicht mehr um einen traditionellen Lutscher, sondern vielmehr um ein gewöhnliches Bonbon handeln.

OLG Köln, Urteil vom 03.05.2001, Az.: 1 U 6/01

Trüffel

Trüffeln sind aus Trüffelmassen hergestellte bissengroße Ausformungen.

Nr. 1.9 Begriffsbestimmungen und Verkehrsregeln für Zuckerwaren und verwandte Erzeugnisse

Schokolade

Schokolade ist ein aus Kakaokernen, Kakaomasse, Kakaopulver, fettarmem oder magerem Kakaopulver und Saccharose mit oder ohne Zusatz von Kakaobutter hergestelltes Erzeugnis, das – vorbehaltlich der Definitionen von Schokoladestreuseln, Gianduja-Haselnußschokolade und Schokoladeüberzugsmasse – mindestens 35 Hundertteile Gesamtkakaotrockenmasse, und zwar mindestens 14 Hundertteile entölte Kakaotrockenmasse und mindestens 18 Hundertteile Kakaobutter, enthält.

Nr. 1.16 Anlage Kakaoverordnung

Praline

Praline ist ein Erzeugnis aus gefüllter Schokolade in Bissengröße.

Nr. 1.28 Anlage Kakaoverordnung

Kekse

Kekse sind aus kleinen oder mäßig großen Stücken bestehende, nicht süße oder mehr oder minder süße Gebäcke aus meist fetthaltigem Teig, der ausgewalzt, ausgeformt, gespritzt (»Dressiergebäck«) oder geschnitten (»Schnittgebäck«) wird.

III Nr. 1 a) Leitsätze für Feine Backwaren

Dominosteine

Dominosteine sind etwa bissengroße Würfel aus einer oder mehreren Schichten Braunen Lebkuchens und einer Lage oder mehreren Lagen von Zubereitungen, z. B. aus Fruchtmark, Marzipan oder Persipan, nicht aber aus Fondantmasse oder -krem; sie sind mit Schokoladearten überzogen.

III Nr. 3 c) bb) Leitsätze für Feine Backwaren

4. VERKÄUFER IST, WER SACHEN VERKAUFT

Einkaufen im juristischen Sprachgebrauch

Shopping bringt erst dann richtig Spaß, wenn man mit den passenden juristischen Begriffen bewaffnet ist.

Laden

Laden ist ein Raum, der dem Publikum offen steht und in dem der Geschäftsinhaber seine Geschäfte betreibt.

Alpmann Brockhaus, S. 828

Einkaufswagen

Einkaufswagen ist ein Transportwagen, der in einen gleichgearteten Transportwagen einschiebbar und mit einer zur Aufnahme von Ware vorgesehenen Einrichtung ausgestattet ist, wobei in seinem Griffbereich ein mit einer Kopplungseinrichtung versehenes Münzschloß angeordnet ist, das auf Pfandbasis ein gegenseitiges An- und Abkoppeln von Transportwagen mit oder ohne Inanspruchnahme einer Sammelstelle erlaubt, dadurch gekennzeichnet, daß das Münzschloß im Bereich eines der beiden Grifftragarme angeordnet ist und sich sowohl am Grifftragarm als auch am Griff abstützt.

Landgericht Düsseldorf, Urteil vom 30.04.2002, Geschäftsnummer 4 a) O 242/00

Verkäufer

Der Ausdruck Verkäufer bezeichnet jede natürliche oder juristische Person, die aufgrund eines Vertrags im Rahmen ihrer beruflichen oder gewerblichen Tätigkeit Verbrauchsgüter verkauft.

Art. 1 c) Richtlinie 1999/44/EG Verbrauchsgüterkauf-Richtlinie

Selbstbedienung
Selbstbedienung ist die Bedienung durch den Verbraucher selbst statt durch einen Bediensteten des Unternehmers.
Köbler, S. 419

Kunde
Kunde ist ein Unternehmen, eine Organisation oder eine Einzelperson, die die vom Auftraggeber beworbenen Waren oder Dienstleistungen kauft.
Art. 2 d) EG-Verordnung über Verkaufsförderung im Binnenmarkt

Werbung
Unter »Werbung« i. S. von § 8 Abs. 1 Nr. 11 Satz 1 UStG 1973 ist eine zwangsfreie und absichtliche Form der Beeinflussung zu verstehen, welche Menschen zur Erfüllung des Werbeziels veranlassen soll, und zwar mindestens insoweit, als das Werbeziel darin besteht, den Entschluß zum Erwerb von Gegenständen oder zur Inanspruchnahme von sonstigen Leistungen auszulösen.
BFHE 151, S. 213

Barzahlung
Barzahlung ist die Zahlung durch Übereignung von Geldstücken (Bargeld) nach den §§ 929 ff. BGB.
Köbler, S. 48

Verpackungen
Verpackungen sind aus beliebigen Materialien hergestellte Produkte zur Aufnahme, zum Schutz, zur Handhabung, zur Lieferung oder zur Darbietung von Waren, die vom Rohstoff bis zum Verarbeitungserzeugnis reichen können und vom Hersteller an den Vertreiber oder Endverbraucher weitergegeben werden.
§ 3 Abs. 1 Nr. 1 Verpackungsverordnung

Kosmetika

Kosmetische Mittel im Sinne dieses Gesetzes sind Stoffe oder Zubereitungen aus Stoffen, die dazu bestimmt sind, äußerlich am Menschen oder in seiner Mundhöhle zur Reinigung, Pflege oder zur Beeinflussung des Aussehens oder des Körpergeruchs oder zur Vermittlung von Geruchseindrücken angewendet zu werden, es sei denn, daß sie überwiegend dazu bestimmt sind, Krankheiten, Leiden, Körperschäden oder krankhafte Beschwerden zu lindern oder zu beseitigen.

§ 4 Abs. 1 Lebensmittel- und Bedarfsgegenständegesetz

Kostenlos

Der Begriff kostenlos bedeutet unentgeltlich.

BGHZ 113, S. 251 ff.

Geld

Geld ist derjenige Gegenstand, welcher als Geld zu verwenden ist, soweit Geldgebrauch rechtsgültig normiert worden ist.

Knies, S. 343

Münze

Münze ist das nach Zusammensetzung und Gewicht genau bestimmte, in Metall geprägte Geldstück.

Köbler, S. 317

Geldschein

Banknote ist das von der zuständigen Bank ausgegebene, auf einen bestimmten, runden Betrag von Währungseinheiten lautende Papiergeld (Europäische Zentralbank für Euro). Die Banknote ist unbeschränktes gesetzliches Zahlungsmittel.

Köbler, S. 47

Flaschen
Flaschen sind Behältnisse aus formbeständigem Material in Flaschenform mit einem Nennvolumen von nicht mehr als fünf Liter.

§ 2 Abs. 1 Satz 1 Fertigpackungsverordnung

Flaschenpfand
Flaschenpfand ist ein irreguläres Pfand (im Juristendeutsch: *pignus irregulare*), bei dem der zur Sicherung eines Rückgabeanspruchs an den Gläubiger übergebene Geldbetrag in das Eigentum des Gläubigers übergeht.

Alpmann Brockhaus, S. 509

Zubehör
Eine Sache ist nicht Zubehör, wenn sie im Verkehr nicht als Zubehör angesehen wird.

§ 97 Abs. 1 Satz 2 BGB

Einkaufszentrum
Als Einkaufszentren und ihnen gleichgestellte Anlagen gelten Verkaufslokale für Produkte und Dienstleistungen,

a) die in räumlicher Nähe zueinander angeordnet sind oder sonstwie eine bauliche oder planerische Einheit bilden, und
b) deren Verkaufsfläche zusammen mindestens 5.000 m^2 beträgt.

§ 3 Abs. 1 Planungs- und Baugesetz (Kanton Zug)

Euro

Euro ist die gesetzliche Währung der teilnehmenden Mitgliedstaaten im Sinne von Artikel 2 der Verordnung (EG) Nr. 974/98 des Rates über die Einführung des Euro sowie der teilnehmenden Drittstaaten, die mit der Europäischen Gemeinschaft ein Abkommen über die Einführung des Euro geschlossen haben.

Art. 1 a) Empfehlung der Kommission vom 19. August 2002 zu Medaillen und Marken mit einem den Euro-Münzen entsprechenden Münzbild

Zigaretten

Zigaretten sind Tabakstränge, die sich unmittelbar zum Rauchen eignen und nicht Zigarren oder Zigarillos nach Absatz 1 sind.

§ 2 Abs. 2 Tabaksteuergesetz

5. NACHTHEMDEN WERDEN IM BETT GETRAGEN

Sonderbare Kleidungsbegriffe

Die juristisch exakte Definition der Kleidungsstücke reicht vom Nachthemd bis zum Anzug.

Nachthemden

Als Nachthemden sind nur Kleidungsstücke anzusehen, die nach ihren objektiven Merkmalen und Eigenschaften ausschließlich für das Tragen im Bett geeignet und bestimmt sind.

BFH/NV 1991, S. 422

Schlafanzüge

Schlafanzüge im Sinne der Position 6108 der Kombinierten Nomenklatur des Gemeinsamen Zolltarifs in der Fassung der Verordnung (EWG) Nr. 2658/87 des Rates vom 23. Juli 1987 über die zolltarifliche und statistische Nomenklatur sowie den Gemeinsamen Zolltarif und der Verordnung (EWG) Nr. 3174/88 der Kommission vom 21. September 1988 zur Änderung des Anhangs I der Verordnung (EWG) Nr. 2658/87 des Rates über die zolltarifliche und statistische Nomenklatur sowie den Gemeinsamen Zolltarif sind nicht nur solche Zusammenstellungen von zwei Kleidungsstücken aus Gewirken oder Gestricken, die nach ihrem äußeren Erscheinungsbild ausschließlich zum Tragen im Bett bestimmt sind, sondern auch solche, die im wesentlichen hierfür verwendet werden.

EuGHE I 1994, S. 4027

Kopfbedeckung

Der Begriff der Kopfbedeckungen umfaßt Waren, die dazu bestimmt sind, das Haupthaar im wesentlichen zu bedecken.

BFH/NV 1988, S. 540

Schuhe

Die Produktgruppe Schuhe umfaßt alle Artikel oder Kleidungsstücke, die dazu bestimmt sind, die Füße zu schützen oder zu bedecken und die mit einer festen Außensohle versehen sind, die mit dem Boden in Kontakt kommt.

Entscheidung der Kommission vom 18. März 2002 zur Festlegung überarbeiteter Umweltkriterien für die Vergabe des Umweltzeichens der Gemeinschaft für Schuhe und zur Änderung der Entscheidung 1999/179/EG

Anzüge/Kostüme

Die Begriffe Anzüge und Kostüme beziehen sich auf eine Zusammenstellung von Kleidungsstücken, die aus zwei oder drei hinsichtlich ihrer Schauseite aus dem gleichen Flächenerzeugnis hergestellten Teilen besteht und sich zusammensetzt aus: einer einzigen Jacke zum Bedecken des Oberkörpers, deren Außenseite, ohne Ärmel, aus vier oder mehr Teilen (Bahnen) zusammengesetzt ist, möglicherweise um eine geschneiderte Weste ergänzt, deren Vorderseite aus dem gleichen Flächenerzeugnis wie die Schauseite der anderen Teile der Zusammenstellung und deren Rückseite aus dem gleichen Flächenerzeugnis wie der Futterstoff der Jacke hergestellt ist, und einem einzigen Kleidungsstück zum Bedecken des Unterkörpers, nämlich einer langen Hose, einer Kniebundhose oder ähnlichen Hose, einer kurzen Hose (ausgenommen Badehose), einem Rock oder einem Hosenrock, alle diese ohne Träger oder Latz.

Kap. 61 Anm. 3 a) Verordnung (EG) Nr. 2204/1999

6. IDIOT IST JEMAND, DER AN IDIOTIE LEIDET

Die Bezeichnung von Verwandten und anderen Menschen

Eltern, Familie und andere Menschen – wer weiß schon genau, mit wem er es da eigentlich zu tun hat. Gott sei Dank schaffen die Juristen auch hier Klarheit.

Mensch

Mensch ist, wer von Menschen gezeugt wurde.

Münch/Kunig, Art. 1 Rn. 12

Frau

Frau ist der erwachsene weibliche Mensch.

Köbler, S. 171

Mutter

Mutter eines Kindes ist die Frau, die es geboren hat.

§ 1591 BGB

Vater

Vater eines Kindes ist der Mann, der zum Zeitpunkt der Geburt mit der Mutter des Kindes verheiratet ist, der die Vaterschaft anerkannt hat oder dessen Vaterschaft nach § 1600 d. BGB gerichtlich festgestellt ist.

§ 1592 BGB

Eltern

Eltern sind Vater und Mutter eines Kindes.

Köbler, S. 133

Familie

Unter Familie werden die Stammeltern mit allen ihren Nachkommen verstanden. Die Verbindung zwischen diesen Personen wird Verwandtschaft, die Verbindung aber, welche zwischen einem Ehegatten und den Verwandten des anderen Ehegatten entsteht, Schwägerschaft genannt.

§ 40 Allgemeines Bürgerliches Gesetzbuch (Österreich)

Witwe

Witwe ist nur eine Ehefrau, die mit dem Versicherten bis zu dessen Tod in einer gültigen Ehe gelebt hat.

Landessozialgericht für das Land Nordrhein-Westfalen, Amtliche Mitteilungen der Landesversicherungsanstalt Rheinprovinz 1982, S. 227

Witwer

Witwer ist der männliche Ehegatte nach Beendigung der Ehe durch Tod des weiblichen Ehegatten.

Köbler, S. 546

Junger Mensch

Junger Mensch ist, wer noch nicht 27 Jahre alt ist.

§ 7 Abs. 1 Nr. 4 SGB VIII

Name

Der Name ist eine sprachliche Kennzeichnung einer Person zur Unterscheidung von anderen. Er ist Ausdruck der Individualität und dient der Identifikation des Namensträgers.

Palandt-Heinrichs, § 12 Rn. 1

Vorname

Vorname ist der individuelle Name eines Menschen innerhalb einer Familie im Gegensatz zum Namen seiner Familie.

Köbler, S. 529

Ausländer

Ausländer ist, wer nicht Deutscher i. S. des Art. 116 Abs. 1 GG ist.

Creifelds, S. 110.

Idiot

Idiot ist jemand, der an Idiotie leidet.

Metzger, S. 288

7. VERABREDUNG KENNT DER JURIST NUR ZUM VERBRECHEN

Zwischenmenschliches im juristischen Sprachgebrauch

Gefühle und zwischenmenschliche Beziehungen scheinen sich auf den ersten Blick nur schwer ins Juristendeutsch übersetzen zu lassen. Doch der Paragraphenmann weiß auch diese Begriffe präzise zu bestimmen.

Arglos

Arglos ist der nichts Arges erwartende Zustand eines Menschen.

Köbler, S. 32

Sorge

Sorge ist das bedrückende Gefühl der Unruhe und Angst und die daraus folgende Mühe für das Wohlergehen.

Köbler, S. 427

Kummer

Kummer ist die seit dem 17. Jahrhundert verdrängte ältere Bezeichnung für Arrest.

Köbler, S. 283

Verabredung

Verabredung kennt der Jurist nur zum Verbrechen. Die Verabredung eines Verbrechens bedeutet die Willenseinigung mindestens zweier Personen zur mittäterschaftlichen Begehung eines in seinen Grundzügen im wesentlichen bestimmten Verbrechens.

Leipziger Kommentar/Roxin, § 30 Rn. 60

Verzeihung

Verzeihung liegt vor, wenn der Erblasser zum Ausdruck gebracht hat, daß er die Kränkung, die er durch das in Rede stehende Verhalten erfahren hat, nicht mehr als solche empfindet, wenn also das Verletzende der Kränkung als nicht mehr existent betrachtet wird. Zur Verzeihung im Rechtssinne ist aber nur der Wegfall der Kränkungsempfindung, nicht auch eine darüber hinausgehende Innigkeit im Verhältnis zwischen Kränker und Gekränktem erforderlich.

Palandt-Edenhofer, § 2337 Rn. 1; BGH FamRZ 1961, S. 437, 438

Geschenk

Ein Geschenk i. S. des § 4 Abs. 5 Nr. 1 Satz 1 EStG setzt eine unentgeltliche Vermögenszuwendung voraus. Die Zuwendung muß ohne rechtliche Verpflichtung und ohne zeitlichen oder sonstigen unmittelbaren Zusammenhang mit einer Leistung des Empfängers erbracht werden.

Finanzgericht Düsseldorf DStRE 2002, S. 857

Gefälligkeit

Gefälligkeit ist das freiwillige hilfreiche Verhalten außerhalb einer Rechtspflicht.

Köbler, S. 181

Beschimpfen

Beschimpfen ist die nach Form oder Inhalt besonders verletzende Kundgebung der Mißachtung eines anderen, wobei das besonders Verletzende entweder äußerlich in der Rohheit des Ausdrucks oder inhaltlich in dem Vorwurf eines schimpflichen Verhaltens oder Zustandes zu sehen ist.

BGHSt 7, S. 110

Reue
Reue ist allgemein das Bedauern über eine rechtswidrige oder unangemessene Handlung und eine Bereitschaft zur Änderung.
Köbler, S. 395

Treue
Treue ist die innere, feste Bindung eines Menschen an einen Menschen, einen Gegenstand oder eine Idee.
Köbler, S. 466

Ablehnung
Ablehnung ist die Zurückweisung eines Verhaltens oder eines Menschen.
Köbler, S. 3

Ausspannen
Unter Ausspannen versteht man das Abspenstigmachen von Beschäftigten oder Kunden eines Mitbewerbers.
Hefermehl, § 1 UWG, Rn. 582

Betteln
Betteln bedeutet die an einen beliebigen Fremden gerichtete Bitte um eine Zuwendung.
VGH Baden-Württemberg NVwZ 1999, S. 560

Leichtsinn
Leichtsinn liegt vor, wenn jemand die Wahrheit nicht sehen will; Art. 21 OR.
Metzger, S. 359

Schwachsinn

Schwachsinn ist die angeborene Intelligenzschwäche ohne nachweisbare Ursache.

Leipziger Kommentar/Jähnke, § 20 Rn. 29

Furcht

Furcht i. S. v. § 33 StGB liegt nur vor, wenn der Angegriffene ein gesteigertes Maß an Angst empfindet. Das Gefühl des Bedrohtseins muß beim Angegriffenen einen psychischen Ausnahmezustand mit einem solchen Störungsgrad verursacht haben, daß er das Geschehen nur noch in erheblich reduziertem Maße verarbeiten kann.

BGH NStZ-RR 1997, S. 194, 195

8. SCHMERZ IST EINE UNANGENEHME EMPFINDUNG

Krankheit und Medizin korrekt erläutert

Was für den Arzt die Fehldiagnose vor der Behandlung ist, ist für den Juristen die meist überflüssige Definition vor der Falllösung.

Krankheit

Der Begriff der Krankheit wird als ein regelwidriger körperlicher, seelischer oder geistiger Zustand, der eine Krankenbehandlung erfordert, gefaßt.

Alpmann Brockhaus, S. 811

Krankenhäuser

Krankenhäuser sind Einrichtungen, in denen durch ärztliche und pflegerische Hilfeleistung Krankheiten, Leiden oder Körperschäden festgestellt, geheilt oder gelindert werden sollen oder Geburtshilfe geleistet wird und in denen die zu versorgenden Personen untergebracht und verpflegt werden können.

§ 2 Nr. 1 Krankenhausfinanzierungsgesetz

Gesundheit

Gesundheit ist der ungestörte Ablauf der inneren Lebensvorgänge.

Köbler, S. 203

Medizin

Medizin ist das Krankheiten heilende Mittel und die damit befaßte Tätigkeit, Kunst oder Wissenschaft.

Köbler, S. 306

Körper
Der Körper des Menschen ist die Gesamtheit seiner Knochenteile und Weichteile, einschließlich aller festverbundenen künstlichen Körperteile als eine Einheit.
Köbler, S. 276

Wunde
Wunde ist die durch Verletzung entstandene Beeinträchtigung der Hautoberfläche des Menschen.
Köbler, S. 548

Zahnarzt
Tätigkeit als Zahnarzt ist die Ausübung der Zahnheilkunde unter der Berufsbezeichnung Zahnarzt oder Zahnärztin.
Nr. 89 Abs.1 Satz 2 Umsatzsteuer-Richtlinien 2000

Schmerz
Schmerz ist die vielfach einer Einwirkung von außen folgende unangenehme körperliche oder seelische Empfindung des Menschen oder Tiers.
Köbler, S. 410

Blut
Blut ist die beim Schlachten aus den Blutgefäßen gewonnene, zellige Bestandteile enthaltende Flüssigkeit, sowohl nach Zusatz von gerinnungshemmenden Stoffen als auch nach Entfernung des Fibrins.
Nr. 1.41 Leitsätze für Fleisch und Fleischerzeugnisse

Arzt
Ausübung des ärztlichen Berufs ist die Ausübung der Heilkunde unter der Berufsbezeichnung Arzt oder Ärztin.
§ 2 Abs. 5 Bundesärzteordnung

Apotheker
Apotheker ist der auf Grund staatlicher Bestellung zum Vertrieb von Arzneimitteln zugelassene Unternehmer. Für ihn gilt die Bundesapothekerordnung.
Köbler, S. 26

Operation
Operation ist insbesondere der mit gewaltsamer Gewebedurchtrennung verbundene blutige ärztliche Eingriff.
Köbler, S. 337

Brille
Brille im versicherungsrechtlichen Sinne ist ein Mittel, durch das die Sehkraft des Versicherten bei andauernder Benutzung erhalten oder gebessert werden soll.
SG Düsseldorf, SozEntsch 3/1 § 182 Nr. 146

Kontaktlinsen
Man versteht darunter dünne, auf der Hornhaut des Auges über der Pupille schwimmende, durchsichtige, aus Plastikmaterial bestehende Schalen, die vor allem zum Ausgleich von Fehlsichtigkeit anstelle einer Brille getragen werden.
Rieger, Rn. 988 a)

Injektion
Unter einer Injektion versteht man die Einspritzung von Flüssigkeiten in den Körper zu therapeutischen oder diagnostischen Zwecken und zwar – nach dem Grad der Gefährlichkeit zunehmend – in oder unter die Haut (intrakutan oder subkutan), ins Muskelgewebe (intramuskulär) oder direkt in die Blutbahn (intravenös).
Rieger, Rn. 892

Herzschrittmacher

Man versteht darunter ein elektrisches Gerät zur künstlichen Anregung und Inganghaltung der Herztätigkeit durch Stromstöße nach Ausfall der physiologischen Reizbildungszentren.

Rieger, Rn. 856

Rezept

Eine ärztliche Verschreibung (Rezept, ärztliche Verordnung) ist die persönlich von einem Arzt ausgestellte schriftliche Anweisung an einen Apotheker auf Überlassung eines genau bezeichneten Arzneimittels an einen Patienten oder an den Arzt selbst für den Bedarf in seiner Praxis.

Rieger, Rn. 1824

Bewußtlosigkeit

Bewußtlosigkeit ist das Fehlen des Bewußtseins.

Köbler, S. 75

9. BLECHPOLIZISTEN, UNFEHLBARE AUTOFAHRER UND BAHNEN VON EISEN

Begriffe des Verkehrsrechts

Des Deutschen liebstes Kind erfreut sich auch bei Gesetzgebern und Gerichten großer Beliebtheit. Das Auto und der Straßenverkehr sind auffallend häufig Objekte juristischer Definitionskunst.

Blechpolizist

Blechpolizist ist eine stationäre Radarfalle am Straßenrand.

Metzger, S. 108

Autofahrer

Autofahrer sind ein Menschenschlag, dem Fehler grundsätzlich nicht passieren, und wenn tatsächlich einmal ein Fehler passiert, dann war man es natürlich nicht selbst, sondern es war grundsätzlich der andere.

AG München NJW 1987, S. 1425

Tankstelle

Tankstelle ist eine Einrichtung zur Abgabe von Ottokraftstoff aus ortsfesten Lagertanks an Kraftstofftanks von Fahrzeugen.

§ 2 Nr. 19 Zwanzigste Verordnung zur Durchführung des Bundes-Immissionsschutzgesetzes

Fahrrad

Fahrrad ist jedes Fahrzeug mit wenigstens zwei Rädern, das ausschließlich durch die Muskelkraft auf ihm befindlicher

Personen, insbesondere mit Hilfe von Pedalen oder Handkurbeln, angetrieben wird.

Art. 1 l) Übereinkommen über den Straßenverkehr

Straße

Straße, sprachlich aus dem lat. *strata* (von *sternere* = bestreuen, einebnen) abgeleitet, im technischen Sinne eine kunstmäßig hergestellte bauliche Anlage für Zwecke des nichtspurgebundenen Landverkehrs, hat im Bereich des öffentlichen Sachenrechts in der Begriffsverbindung öffentliche Straße eine über den Sprachgebrauch hinausgehende Bedeutung: Entgegen der herkömmlichen Verwendung der Bezeichnung Straße nur für die vorwiegend dem Fahrverkehr dienenden Verkehrswege (Landstraße, Ortsstraße), umfaßt Straße als rechtlicher Sammelbegriff ohne Rücksicht auf Art und Umfang des zulässigen Gebrauchs und die technische Beschaffenheit sowohl die (öffentlichen) Straßen als auch die (öffentlichen) Wege, Plätze, Durchgänge, Brücken, Stege usw.

Kodal, K./Krämer, H., S. 126

Kraftfahrzeug

Als Kraftfahrzeuge im Sinne dieses Gesetzes gelten Landfahrzeuge, die durch Maschinenkraft bewegt werden, ohne an Bahngleise gebunden zu sein.

§ 1 Abs. 2 StVG

PKW

Personenkraftwagen sind Kraftfahrzeuge, die der Beförderung von Personen dienen und zusätzlich zum Fahrersitz nicht mehr als acht Sitze aufweisen.

Art. 1 m) Entwurf Verordnung der Kommission (EG) [...] über die Anwendung von Artikel 81 Absatz 3 des Vertrages auf Gruppen von vertikalen Vereinbarungen und aufeinander abgestimmten Verhaltensweisen in der Kraftfahrzeugindustrie

Wagen

Wagen im Sinne dieser Verordnung sind Schienenfahrzeuge ohne Eigenantrieb, die der Beförderung von Personen, Reisegepäck oder Gütern dienen.

§ 4 Satz 1 Schienenfahrzeug-Lärmzulässigkeitsverordnung (Österreich)

Unfall

Stoßen zwei in Betrieb befindliche Kraftfahrzeuge zusammen, dann kann kein Zweifel daran bestehen, daß es sich um einen Unfall handelt, der sich beim Betrieb dieser beiden Fahrzeuge ereignete.

OGH (Österreich) vom 18.11.1982, Az.: 8 Ob 207/82

Taxe

Eine Taxe ist ein an einem Parkplatz für Mietautos stehender Kraftwagen.

BGH-Entscheidung, zitiert nach Schneider, S. 39

Straßenbahn

Straßenbahn im Sinne des Gesetzes ist ein solcher schienengebundener, von mechanisch wirkenden Kräften in Gang gesetzter und in Gang gehaltener Fahrbetrieb, der dazu bestimmt und nach seiner Betriebsart darauf eingerichtet ist, die allgemeinen Verkehrsstraßen menschlicher Siedlungen zu durchfahren, gegebenenfalls also auch durchfahrene benachbarte menschliche Siedlungen miteinander zu verbinden.

OLG Neustadt NJW 1953, S. 394

Fußweg

Der Begriff Fußweg in StrG BW § 43 Abs. 2 Satz 3 entspricht dem in StrG BW § 3 Abs. 2 Satz 1 Nr. 4 Buchst. b) verwendeten Begriff, meint also allgemein Wege, die ausschließlich dem öffentlichen Fußgängerverkehr dienen, ohne Gehwege im Sinne von StrG BW § 2 Abs. 2 Nr. 1 Buchst. b) zu sein.

Verwaltungsgerichtshof Baden-Württemberg, 1. Senat, Beschluß vom 5. Februar 1982, Az.: 1 S. 98/82

Fahrbahnrand

Fahrbahnrand ist grundsätzlich die Grenzlinie zwischen der Fahrbahn als dem Teil der Straße, der durch die Art seiner Bauweise für den fließenden Verkehr geeignet und bestimmt ist und den übrigen Straßenteilen, wie Gehwegen, Sonderwegen, Seitenstreifen, Parkbuchten u. a.

KG Berlin VRS 62, S. 63

Fahrbahn

Fahrbahn ist der Teil der Straße, der üblicherweise von den Fahrzeugen benutzt wird.

Art. 1 e) Übereinkommen über den Straßenverkehr

Eisenbahn *(laut Reichsgericht, 1876)*

Sprachlich bedeutet Eisenbahn ganz allgemein eine Bahn von Eisen zwecks Bewegung von Gegenständen auf derselben. Verknüpft man diesen Wortlaut mit dem Gesetzeszweck ... so gelangt man ... zu keiner engeren Bestimmung jener sprachlichen Bedeutung des Wortes Eisenbahn ... als derjenigen: Ein Unternehmen, gerichtet auf wiederholte Fortbewegung von Personen oder Sachen über nicht ganz unbedeutende Raumstrecken auf metallener Grundlage, welche durch ihre Konsistenz, Konstruktion und Glätte den Transport großer Gewichtsmassen beziehungsweise die Erzielung einer verhältnismäßig bedeutenden Schnelligkeit der Transportbewegung zu ermöglichen bestimmt ist, und durch diese Eigenart in Verbindung mit den außerdem zur Erzeugung der Transportbewegung benutzten Naturkräften (Dampf, Elektricität, thierischer oder menschlicher Muskelthätigkeit, bei geneigter Ebene der Bahn auch schon der eigenen Schwere der Transportgefäße und deren Ladung usw.) bei dem Betriebe des Unternehmens auf derselben eine verhältnismäßig gewaltige (je nach den Umständen nur in bezweckter Weise nützliche oder auch Menschenleben vernichtende und die menschliche Gesundheit verletzende) Wirkung zu erzeugen fähig ist.

RGZ 1, S. 247, 251 f.

Fahrausweis

Fahrausweise sind Urkunden, die einen Anspruch auf Beförderung von Personen gewähren.

Nr. 186 Abs. 1 Satz 1 Umsatzsteuer-Richtlinien 2000

Anhänger

Anhänger ist jedes Fahrzeug, das dazu bestimmt ist, an ein Kraftfahrzeug angehängt zu werden.

Art. 1 q) Übereinkommen über den Straßenverkehr

Autobahn

Bundesautobahnen sind Bundesfernstraßen, die nur für den Schnellverkehr mit Kraftfahrzeugen bestimmt und so angelegt sind, daß sie frei von höhengleichen Kreuzungen und für Zu- und Abfahrt mit besonderen Anschlußstellen ausgestattet sind.

§ 1 Abs. 3 Bundesfernstraßengesetz

Fahrlehrer

Fahrlehrer ist der das Führen eines Kraftfahrzeugs mit dem Ziel der Erlangung der Fahrerlaubnis unterrichtende Lehrer.

Köbler, S. 158

Fahrzeug

Fahrzeug ist allgemein das zum Fahren bestimmte Fortbewegungsmittel.

Köbler, S. 158

Blinker

Fahrtrichtungsanzeiger ist eine Leuchte, die dazu dient, anderen Verkehrsteilnehmern anzuzeigen, daß der Fahrzeugführer die Absicht hat, die Fahrtrichtung nach rechts oder nach links zu ändern.

Anhang I Nr. 5.9 Richtlinie 93/92/EWG

Sicherheitsgurt

Sicherheitsgurt (Gurt) ist eine Anordnung von Gurten mit Verschluß, Verstelleinrichtung und Befestigungsbeschlägen, die in einem Fahrzeug verankert werden kann und so beschaffen ist, daß sie die Gefahr von Verletzungen ihres Benutzers im Falle eines Zusammenstoßes oder plötzlicher Verzögerungen des Fahrzeugs verringert, indem sie die Bewegungsfreiheit des Körpers des Benutzers einschränkt. Eine derartige Anordnung wird generell als Gurtanordnung bezeichnet.

Anhang I Nr. 1.3 Richtlinie 76/115/EWG

10. AKTENEINSICHT IST DIE EINSICHT IN AKTEN

Beamte und Behörden schnell definiert

Die Brutstätten feinsten Beamtendeutschs haben natürlich auch manche skurrile Begriffsbestimmung hervorgebracht.

Akte

Bei Akten handelt es sich um Unterlagen, die in Ordnern, Heftern und anderen »Aktendeckeln« aufbewahrt und üblicherweise als Akte bezeichnet werden.

BAG NJW 1984, S. 2910

Akteneinsicht

Akteneinsicht ist die Einsicht in die von der Behörde angelegten Akten.

Köbler, S. 10

Einmalig

Die einmalige Zahlung wird für jeden Berechtigten nur einmal gewährt.

§ 3 Abs. 1 Satz 1 Bundesbesoldungs- und Versorgungsanpassungsgesetz 1999

Dienstreisende

Dienstreisende im Sinne dieses Gesetzes sind die in § 1 Abs. 1 genannten Personen, die eine Dienstreise oder einen Dienstgang ausführen.

§ 2 Abs. 1 Bundesreisekostengesetz

Formular

Formular ist das auf die allgemeinen Merkmale einer Rechtshandlung beschränkte Erklärungsmuster, das durch die Einfügung von Einzelfallmerkmalen konkretisiert werden kann.

Köbler, S. 169

Ausnahme

Ausnahme ist die unter bestimmten Voraussetzungen mögliche Abweichung von einer allgemeinen Regelung. Ihre Erteilung ist im Verwaltungsrecht ein begünstigender Verwaltungsakt. Allgemein gibt es keine Regel ohne Ausnahme.

Köbler, S. 42

Beamter

Beamter ist, wer im Beamtenverhältnis steht.

Köst, S. 50

Behörde

Behörde im Sinne dieses Gesetzes ist jede Stelle, die Aufgaben der öffentlichen Verwaltung wahrnimmt.

§ 1 Abs. 4 VwVfG

Anstalt

Die Anstalt ist als juristische Person des öffentlichen Rechts eine organisatorisch verselbständigte Zusammenfassung von sächlichen und personellen Mitteln zur Erfüllung einer öffentlichen Aufgabe.

Alpmann Brockhaus, S. 744

Abkürzung

Abkürzung ist eine kurze Fassung einer an sich längeren Gegebenheit.

Köbler, S. 18

Erlaubnis

Erlaubnis ist im Verwaltungsrecht die Erklärung einer Behörde, daß sie ein bestimmtes Verhalten zuläßt (z. B. Bauerlaubnis, Baugenehmigung). Sie ist ein gestaltender begünstigender Verwaltungsakt, der die Voraussetzung für die Rechtmäßigkeit des zu erlaubenden Verhaltens (z. B. den Bau) bildet.

Köbler, S. 142

11. BÖSEWICHT IST EIN MENSCH, DER NUR SCHLECHTES IM SINN HAT

Die Welt der Justiz und Kriminalität

Killer, Leiche und Polizei gehören zu jedem Krimi. In diesem Kapitel geht es zwar nicht um ein Verbrechen und dessen Aufklärung, dafür werden aber die gängigen Begriffe aus Justiz und Kriminalität zu Ihrer Erheiterung seltsam definiert.

Killer

Killer ist jemand, der ein Tötungsdelikt begeht.

Metzger, S. 319

Leiche

Menschliche Leiche im Sinne des Gesetzes ist der Körper eines Menschen, der keinerlei Lebenszeichen aufweist und bei dem der körperliche Zusammenhang noch nicht durch den Verwesungsprozeß völlig aufgehoben ist.

§ 9 Abs. 1 Satz 1 Sächsisches Bestattungsgesetz

Haft

Haft ist die staatliche Daseinsvorsorge zum Zwecke der Resozialisierung von Gesellschaftsopfern.

Teubner, S. 70

Zelle

Zelle ist ein enger und karger Raum für Sträflinge.

Metzger, S. 701

Überfall

Unter der Überschrift Überfall wird nicht etwa der Bankraub behandelt, sondern unter Überfall sind Früchte zu verstehen, die von einem Baume oder Strauche auf das Nachbargrundstück hinüberfallen.

§ 911 Satz 1 BGB

Lebensgefahr

Eine Bedrohung des Lebens (Lebensgefahr) im Sinne des § 3 Abs. 1 Satz 1 LBO wird als eine Sachlage definiert, welche die Annahme rechtfertigt, daß in überschaubarer Zukunft mit einer tödlichen Verletzung hinreichend wahrscheinlich gerechnet werden muß. Eine Lebensgefahr besteht mit anderen Worten dann, wenn nach der allgemeinen Lebenserfahrung in näherer Zeit zu erwarten ist, daß sich eine Situation zum tödlichen Ereignis (Unfall) verdichten wird.

Verwaltungsgerichtshof Baden-Württemberg, 3. Senat, Beschluß vom 29. September 1981, Az.: 3 S 1917/81

Erscheinen

Erscheinen ist allgemein das öffentliche Sichtbarwerden. Im Verfahrensrecht ist persönliches Erscheinen die Anwesenheit eines Verfahrensbeteiligten in Person.

Köbler, S. 146

Aussage

Aussage ist jede sprachliche Mitteilung. Die Aussage kann im Verhältnis zur Wirklichkeit wahr oder falsch sein.

Köbler, S. 42

Scherzerklärung
Scherzerklärung ist die nicht ernstlich gemeinte Willenserklärung, die in der subjektiven Erwartung abgegeben wird, der Mangel der Ernstlichkeit werde nicht verkannt.
§ 118 BGB

Schmieren
Schmieren heißt, sich andere durch Bestechung gefügig machen.
Hefermehl, vor § 12 UWG, Rn. 1

Fälschung
Fälschung ist die zu betrügerischem Zweck vorgenommene Veränderung oder Nachbildung eines Gegenstands.
Köbler, S. 160

Schlägerei
Schlägerei bedeutet einen in gegenseitige Tätlichkeiten ausartenden Streit zwischen mehr als zwei Personen.
Leipziger Kommentar/Hirsch, § 231 Rn. 4

Schuft
Schuft ist ein niederträchtiger, gemeiner Mensch.
Metzger, S. 517

Strauchdieb
Strauchdieb ist ein Straßenräuber, der sich am Straßenrand im Gebüsch versteckt.
Metzger, S. 568

Vorurteil
Vorurteil ist ein Urteil, gestützt auf nicht überprüfte Tatsachen.
Metzger, S. 679

Richter

Richter sind diejenigen Staatsbeamten, denen der Staat die Entscheidung von Rechtssachen übertragen hat.

Köst, S. 386

Rechtsanwalt

Der Rechtsanwalt ist der berufene unabhängige Vertreter und Berater in allen Rechtsangelegenheiten. Sein Beruf ist kein Gewerbe, sondern Dienst am Recht.

Köst, S. 368

Reichsgericht

Ein Reichsgericht ist eine Einrichtung, welche eine dem allgemeinen Verständnis entgegenkommen sollende, aber bisweilen durch sich nicht ganz vermeiden lassende, nicht ganz unbedeutende bzw. verhältnismäßig gewaltige Fehler im Satzbau auf der schiefen Ebene des durch verschnörkelte und ineinandergeschachtelte Perioden ungenießbar gemachten Kanzleistils herabgerollte Definitionen, welche eine das menschliche Sprachgefühl verletzende Wirkung zu erzeugen fähig ist, liefert.

Reiner, S. 93

Polizei

Polizei im Sinn dieses Gesetzes sind die im Vollzugsdienst tätigen Dienstkräfte der Polizei des Freistaates Bayern.

Art. 1 Bayerisches Polizeiaufgabengesetz

Landstreicher

Als Landstreicher zieht umher, wer aus einem eingewurzelten Hang ohne die Absicht redlichen Erwerbs unter ständigem Wechsel des Nachtquartiers von Ort zu Ort umherstreift und dabei anderen zu Last fällt, indem er seinen Lebensunterhalt durch fremde Mildtätigkeit, Betteln oder solche geringfügigen

Straftaten bestreitet, die zur unmittelbaren Befriedigung einfacher Lebensbedürfnisse bestimmt sind.

BGHSt 4, S. 52

List

Der Begriff der List umschreibt ein Verhalten, das darauf abzielt, unter geflissentlichem und geschicktem Verbergen der wahren Zwecke oder Mittel die Ziele des Täters durchzusetzen.

BGH NStZ 1996, S. 276

Lüge

Nach dem allgemeinen Sprachgebrauch ist der Begriff der Lüge gleichbedeutend mit dem der Unwahrheit. Beide bringen zum Ausdruck, daß jemand bewußt etwas der Wahrheit zuwider äußert.

OLG Köln InVo 2001, S. 34

Hacker

Hacker ist jemand, der aus unterschiedlichen Motiven, vor allem aus sportlichen Eifer, in fremde Datenverarbeitungssysteme einzudringen versucht.

Metzger, S. 266

Gift

Gift ist jeder anorganische oder organische Stoff, der unter bestimmten Bedingungen durch chemische oder chemisch-physikalische Wirkung die Gesundheit zu schädigen vermag.

Leipziger Kommentar/Lilie, § 224 Rn. 8

Jurist

Jurist ist ein rechtlich nicht geschützter Titel, der für eine rechtskundige Person verwendet wird, die ein universitäres Studium der Rechtswissenschaft von mindestens 3½ Jahren mit abschließendem 1. juristischen Staatsexamen und einem zweijährigen Vorbereitungsdienst mit abschließendem 2. juristischen Staatsexamen durchlaufen hat und hierdurch die Befähigung zum Richteramt erworben hat.

Alpmann Brockhaus, S. 744

Gesetz

Gesetz im Sinne des Bürgerlichen Gesetzbuchs und dieses Gesetzes ist jede Rechtsnorm.

Art. 2 EGBGB

Gerichte

Gerichte sind Einrichtungen zur Ausübung der Rechtspflege.

Köst, S. 181

Gangster

Ein Gangster ist ein (Schwer-)Verbrecher, meist in einer Bande auftretend (engl. *gang* = Verbrecherbande).

Metzger, S. 227

Bösewicht

Bösewicht ist ein Mensch, der nur Schlechtes im Sinn hat.

Metzger, S. 110

12. BRIEFUMSCHLAG IST EINE RECHTECKIGE PAPIERHÜLLE

Briefeschreiben und Telefonieren auf juristisch

Zum Telefonhörer zu greifen ist ein alltäglicher Vorgang. Sie hätten wahrscheinlich nicht gedacht, daß es sich dabei um eine Telekommunikationsendeinrichtung handelt, die eine zweiseitige Echtzeitkommunikation ermöglicht. Freuen Sie sich auf sonderbare Begriffserläuterungen aus dem Post- und Fernmeldewesen.

Wertsack

Der Wertsack ist ein Beutel, der auf Grund seiner besonderen Verwendung im Postbeförderungsdienst nicht Wertbeutel, sondern Wertsack genannt wird, weil sein Inhalt aus mehreren Wertbeuteln besteht, die in den Wertsack nicht verbeutelt, sondern versackt werden.

aus der Politischen Zeitung (PZ) 16/78, zitiert nach der Juristischen Schulung (JuS) 3/81 (Umschlag)

Briefumschlag

Briefumschlag ist eine rechteckige Papierhülle zum Einlegen des Inhalts einer Briefsendung und dessen Schutz.

Rehbein, S. 147

Briefmarke

Eine Marke ist nur dann als Briefmarke anzusehen, wenn sie zum Freimachen von Postsendungen verwendet zu werden pflegt, d. h. potentiell und im Regelfall dazu bestimmt ist, durch Aufkleben auf entsprechende Sendungen den Beweis für die Zahlung des Beförderungsentgelts oder eine besondere Beförderungsberechtigung zu erbringen.

BFH/NV 1992, S. 494

Briefkasten

Briefkasten ist ein Behältnis zum Einliefern von Briefsendungen. Der Briefkasten ist eine geschweißte Feinblechkonstruktion mit Einwurfschlitz, Leerungsanzeiger und Schließvorrichtung.

Rehbein, S. 143

Telefonnummer

»Rufnummer« ist eine Nummer, durch deren Wahl im öffentlichen Telefondienst eine Verbindung zu einem bestimmten Ziel aufgebaut werden kann.

§ 3 Nr. 18 Telekommunikationsgesetz

Telefonanschluß

Anschluß ist die netzseitige technische Einrichtung eines Netzzugangs gemäß § 3 Nr. 9 des Telekommunikationsgesetzes, der durch einen Teilnehmer mittels geeigneter Endgeräte genutzt wird.

§ 2 Nr. 2 Telekommunikations-Überwachungsverordnung

Telefon

Eine Telekommunikationsendeinrichtung ist ein die Kommunikation ermöglichendes Erzeugnis oder ein wesentliches Bauteil davon, das für den mit jedwedem Mittel herzustellenden direkten oder indirekten Anschluß an Schnittstellen von öffentlichen Telekommunikationsnetzen bestimmt ist.

§ 2 Nr. 2 Gesetz über Funkanlagen und Telekommunikationsendeinrichtungen

Anruf

Anruf ist eine über einen öffentlich zugänglichen Telefondienst aufgebaute Verbindung, die eine zweiseitige Echtzeitkommunikation ermöglicht.

§ 3 Nr. 1 Telekommunikationsgesetz

Handy

Handy ist die umgangssprachliche Bezeichnung für ein Mobiltelefon, das ursprünglich nicht für den Festeinbau im Kraftfahrzeug gedacht ist, sondern durch einen leistungsfähigen Akku, geringe Sendeleistung (maximal 2 Watt) und handliche Größe mobil einsatzfähig ist.

Beck`scher TKG-Kommentar, S. 1586

Adresse

Adresse ist die Gesamtheit der Angaben, über die eine Person erreichbar ist, meist Land, Ort, Straße, Hausnummer.

Köbler, S. 9

Brief

Briefsendung ist eine Mitteilung in schriftlicher Form auf einem physischen Träger jeglicher Art, die befördert und an die vom Absender auf der Sendung selbst oder ihrer Verpackung angegebene Anschrift zugestellt wird.

Art. 2 Nr. 7 der Richtlinie 97/67/EG

FAX

Telefax ist das auf der Grundlage der elektronischen Datenverarbeitung wirkende Schriftfernübertragungssystem.

Köbler, S. 461

Handschrift

Handschrift ist die mit der Hand geschriebene, menschliche Schrift im Gegensatz zu der mit einer Maschine geschriebenen oder gedruckten Schrift.

Köbler, S. 227

13. HAUSTÜR IST DIE AUSSENTÜR DES WOHNGEBÄUDES

Häuser, Bauen und Wohnen

In diesem Kapitel finden Sie von der Baustelle bis zum fertigen Hochhaus die komischsten sprachlichen Fehlleistungen aus dem Bereich Bauen und Wohnen.

Einfamilienhäuser

Einfamilienhäuser sind Wohngrundstücke, die nur eine Wohnung enthalten. Wohnungen des Hauspersonals (Pförtner, Heizer, Gärtner, Kraftwagenführer, Wächter usw.) sind nicht mitzurechnen.

§ 75 Abs. 5 Satz 1 Bewertungsgesetz

Fenster

Nach üblichem deutschen Sprachgebrauch versteht man unter Fenstern Lichtöffnungen in Gebäuden. Die Lichtdurchlässigkeit ist das Entscheidende, während die zumeist hinzukommende Möglichkeit der Luftzufuhr eine minder wichtige Rolle spielt; denn erfahrungsgemäß gibt es viele Fenster, die sich überhaupt nicht öffnen lassen und daher zum Entlüften ungeeignet sind. Auch die Ausblicksmöglichkeit nach draußen ist keineswegs in dem Maße begriffswesentlich, daß bei ihrem Fehlen nicht mehr von einem Fenster gesprochen werden könnte; bekanntlich werden zahlreiche Fenster, etwa unter Verwendung besonderes Glases, als undurchsichtige angelegt. Daß schließlich der Geräuschdurchlässigkeit ... keine ausschlaggebende Bedeutung zukommt, versteht sich angesichts der Häufigkeit von Doppelfenstern und sonstigen schalldämpfenden Einrichtungen von selbst.

BGH JZ 1961, S. 494

Haustür

Haustür i. S. der DV Nr. 1 Satz 1 zu § 107 DBG (F. 1941) als Grenze zwischen häuslichem und dienstlichem Bereich ist die Außentür des Wohngebäudes.

BVerwGE 28, S. 105

Bau

Bau ist die künstlich geschaffene Behausung oder die sonstige, meist einer Unterbringung dienende Anlage.

Köbler, S. 48

Bausparer

Bausparer ist, wer mit einer Bausparkasse einen Vertrag schließt, durch den er nach Leistung von Bauspareinlagen einen Rechtsanspruch auf Gewährung eines Bauspardarlehens erwirbt (Bausparvertrag).

§ 1 Abs. 2 Bausparkassengesetz

Baustelle

Unter Baustelle versteht man grundsätzlich das Gelände, auf dem der Bau errichtet wird. Baustelle ist sonach in der Regel der – unter Umständen weitläufige – Bereich, in dem mittels Bauarbeiten von einem oder mehreren Betrieben des Baugewerbes das Bauwerk vorbereitet, gegründet, errichtet und fertiggestellt wird, also das Gelände, wo alle erforderlichen Arbeiten an dem erdverbundenen Bau stattfinden, einschließlich der Vorbereitungsarbeiten in diesem Bereich.

BSGE 51, S. 239

Bauarbeiten

Bauarbeiten im Sinne dieser Verordnung sind Arbeiten zur Errichtung, Änderung, Instandhaltung oder zum Abbruch einer baulichen Anlage, die auf der Baustelle ausgeführt werden.

§ 1 Abs. 2 Verordnung über besondere Arbeitsschutzanforderungen bei Arbeiten im Freien in der Zeit vom 1. November bis 31. März

Garage

Unter Garage im Sinne der (Bayerischen) Garagenverordnung ist ein ganz oder teilweise umschlossener Raum zu verstehen, der zum Abstellen von Kraftfahrzeugen bestimmt ist oder jedenfalls regelmäßig dazu benutzt wird, gleichgültig, ob er als Garage genehmigt ist oder den Anforderungen an Garagen entspricht oder nicht.

BayObLGSt 1977, S. 99

Wohnung

Mit Wohnung sind die objektiv zum Wohnen geeigneten Wohnräume gemeint. Es genügt eine bescheidene Bleibe. Nicht erforderlich ist eine abgeschlossene Wohnung mit Küche und separater Waschgelegenheit im Sinne des Bewertungsrechts. *Merke: Wohnung ist eine bescheidene Bleibe.*

Anwendungserlaß zur Abgabenordnung, zu § 8 AO, Nr. 3

Wohnen

Wohnen ist die Gesamtheit der mit der Führung des häuslichen Lebens und des Haushalts verbundenen Tätigkeiten; der Wohnraum soll dem Inhaber das Heim bieten, soll Mittelpunkt seines persönlichen Lebens sein und ist zu dessen privater Nutzung bestimmt.

KG Berlin Grundeigentum 1990, S. 755

Hochhäuser

Hochhäuser sind Gebäude, bei denen der Fußboden mindestens eines Aufenthaltsraumes mehr als 22 m über der Geländeoberfläche liegt.

§ 2 Abs. 3 Satz 3 Bauordnung für das Land Nordrhein-Westfalen

Jalousie

Jalousie ist eine Vorrichtung, die dazu dient, Fenster so zu schließen, daß die Sonne nicht eindringen kann bzw. neugierige Blicke von außen abgehalten werden, ohne im übrigen Licht und Luft abzuhalten.

Metzger, S. 305

Gebäude

Gebäude ist ein durch Wände und Dach begrenztes, mit dem Grund und Boden fest verbundenes Bauwerk, das den Eintritt von Menschen ermöglicht und dazu bestimmt und geeignet ist, dem Schutze von Menschen, Tieren und Sachen zu dienen und den freien Zutritt Dritter verhindern soll.

Schönke/Schröder-Eser, § 243 Rn. 7

Fliegende Bauten

Fliegende Bauten sind bauliche Anlagen, die geeignet und bestimmt sind, wiederholt aufgestellt und abgebaut zu werden. Damit sind zum Beispiel Zirkuszelte gemeint.

§ 69 Abs. 1 Satz 1 Landesbauordnung für Baden-Württemberg

Tapete

Als »Papiertapeten und ähnliche Wandverkleidungen« im Sinne der Position 4814 gelten nur Papiere in Rollen, mit einer Breite von 45 bis 160 cm, zum Ausschmücken von Wänden oder Decken geeignet.

Kap. 48 Anm. 8 a) Verordnung (EG) Nr. 2204/1999

Zaun

Zaun ist eine Einfriedung. Einfriedungen sind alle Anlagen, die verhindern sollen, daß Menschen, Tiere oder abirrende Gegenstände (z. B. Bälle) auf eine Fläche gelangen oder sie verlassen, oder die eine Fläche gegen Witterungseinflüsse, Immissionen (Lärm, Staub) oder Sicht schützen sollen.

Werner/Pastor/Müller, S. 913, 355

Dach

Das Dach ist das obere Abschlußteil eines Gebäudes.

Werner/Pastor/Müller, S. 329

14. BESENREIN BEDEUTET ORDENTLICH DURCHGEKEHRT

Definitionen aus Heim und Haushalt

Wenn die Hausfrau den Teppich reinigt, fallen dem Juristen zu den Begriffen Hausfrau, Teppich und Reinigungsmittel natürlich gleich drei Definitionen ein.

Hausrat

Hausrat ist die Gesamtheit der Gegenstände, die tatsächlich der Bewirtschaftung eines Haushalts dienen (z. B. Wohnungseinrichtung, Geschirr, Wäsche, Bücher, Haustiere, Gartenmöbel, u. U. auch Motoryacht).

Köbler, S. 230

Hausfrau

Hausfrau ist jede Frau, die selbständig einen Haushalt führt, auf eigene Rechnung oder auf Kosten naher Angehöriger, ihn vollverantwortlich leitet, mit einer Vielzahl an Funktionen und Tätigkeiten (Sorgefunktion, Ernährung der Familie, Erziehung der Kinder usw.).

OLG Nürnberg Rpfleger 1979, S. 234, 235

Besenrein

Besenrein bedeutet, daß die Wohnung ordentlich durchgekehrt und grobe Verschmutzungen beseitigt werden müssen.

AG Schleiden WuM 2000, S. 436

Batterien

Batterien sind aus einer oder mehreren nicht wiederaufladbaren Primärzellen oder wiederaufladbaren Sekundärzellen (Akkumulatoren) bestehende Quellen elektrischer Energie, die durch unmittelbare Umwandlung chemischer Energie gewonnen wird.

§ 2 Abs. 1 Nr. 1 Batterieverordnung

Schere

Von einer Schere kann nur gesprochen werden, wenn die Maschine den Werkstoff mit zwei Schneidwerkzeugen von zwei Seiten bearbeitet.

BFH/NV 1990, S. 402

Teppiche

Als Teppiche gelten Fußbodenbeläge, bei denen die Spinnstoffe die Schauseite der Ware bei deren Verwendung bilden. Erforderlich ist, daß die Ware nach ihrer objektiven Beschaffenheit die Eignung aufweist, als Fußbodenbelag verwendet zu werden.

BFH/NV 1993, S. 506

Wäsche

Wäsche auf der Leine gemäß § 3 Buchst. b) Nr. 6 a) VHB können nur unmittelbar am Körper zu tragende Kleidungsstücke sein, die üblicherweise im Haushalt gewaschen werden.

AG Kirchhain VersR 1983, S. 359

Waschmaschine

Eine Waschmaschine ist kein Gebäudebestandteil, sondern ein selbständiges bewegliches Wirtschaftsgut.

BFHE 100, S. 394

Reinigungs- und Waschmittel

Wasch- und Reinigungsmittel im Sinne dieses Gesetzes sind Erzeugnisse, die zur Reinigung bestimmt sind oder bestimmungsgemäß die Reinigung unterstützen und erfahrungsgemäß nach Gebrauch in Gewässer gelangen können.

§ 2 Abs.1 Wasch- und Reinigungsmittelgesetz

15. WALD SIND MIT HOLZGEWÄCHSEN BESTOCKTE GRÜNFLÄCHEN

Begriffe aus Natur und Garten

In diesem Kapitel können Sie lesen, was der Jurist unter Blumen, Bäumen und Hecken versteht. Die genaue Kenntnis dieser Begriffe ist wichtig für die sehr beliebten Nachbarschaftsstreitigkeiten.

Pflanzen

Pflanzen sind Lebewesen, die unter Einwirkung des Lichts mit Hilfe von Chlorophyll die von ihnen benötigten Stoffe selbst aufbauen und sich autotroph ernähren.

Weber, § 2 Rn. 4

Blume

Der Begriff Blumen umfaßt im wesentlichen blütenbildende Pflanzen, die nicht Bäume und Sträucher sind.

OLG Stuttgart NJW-RR 1988, S. 424

Wald

Wald im Sinne dieses Bundesgesetzes sind mit Holzgewächsen der im Anhang angeführten Arten (forstlicher Bewuchs) bestockte Grundflächen, soweit die Bestockung mindestens eine Fläche von 1000 m^2 und eine durchschnittliche Breite von 10 m erreicht.

§ 1 Abs. 1 Forstgesetz 1975 (Österreich)

Schrebergarten
Ein Kleingarten ist ein Garten, der dem Nutzer (Kleingärtner) zur nichterwerbsmäßigen gärtnerischen Nutzung, insbesondere zur Gewinnung von Gartenbauerzeugnissen für den Eigenbedarf, und zur Erholung dient (kleingärtnerische Nutzung) und in einer Anlage liegt, in der mehrere Einzelgärten mit gemeinschaftlichen Einrichtungen, zum Beispiel Wegen, Spielflächen und Vereinshäusern, zusammengefaßt sind (Kleingartenanlage).

§ 1 Abs. 1 Bundeskleingartengesetz

Baum
Als Baum im Sinne des Baumgesetzes gilt jedes ausdauernde Gehölz, das als Hochstämmer oder Heister im Freien steht.

§ 1 Abs. 1 Baumschutzverordnung des Kantons Basel-Stadt

Garten
Als Garten wird definiert ein mit Zaun, Hecke oder Mauern begrenztes Landstück, das intensiv bestellt, jedoch nicht erwerbswirtschaftlich genutzt wird.

Hessischer Verwaltungsgerichtshof, Rechtsprechung der hessischen Verwaltungsgerichte 1991, S. 51

Gebüsch
Bei dem Begriff Gebüsch handelt es sich um eine Kollektivbildung zu Busch; das bedeutet, daß sich Gebüsch zusammensetzt aus mehreren dicht zusammenstehenden Büschen. Auch nach laienhafter Betrachtung stellt ein Gebüsch einen Pflanzenbewuchs dar, der sich vom Bodendecker durch den höheren und von einer Baumsammlung durch den niederen Wuchs unterscheidet. Darüberhinaus reicht das Geäst und Laubwerk beim Busch grundsätzlich bis auf den Boden, ohne daß es von einem einzigen Stamm ausgetrieben wird,

während beim Baum die Blattkrone auf einem austriebslosen Stamm ruht.

OLG Hamm NVwZ-RR 1993, S. 290

Hecke

Unter Hecke wird eine Anpflanzung verstanden, bei der die Stecklinge so dicht nebeneinander gepflanzt sind, daß durch ein Beschneiden ein Dichtschluß sowie die Höhen- und Seitenbegrenzung erreicht wird.

LG Kassel DWW 1987, S. 362.

Teich

Teich im Sinne von Art. 21 Abs. 2 WasserG Bay kann nur ein kleineres Gewässer sein.

Bayerischer Verwaltungsgerichtshof, Bayerische Verwaltungsblätter 1988, S. 467

Landschaft

Unter dem Begriff der Landschaft wird in der Rechtsprechung ein charakteristischer, individueller Teil der Erdoberfläche verstanden, bestimmt durch das Wirkungsgefüge der hier vorhandenen Geofaktoren einschließlich der anthropogeographischen, mögen auch die Einwirkungen des Menschen, etwa durch bauliche Anlagen, nur untergeordnete Teile der Landschaft ausmachen.

VwGH Erkenntnis 06.05.1996, 91/10/0129 (= VwSlg 14.456 A/1996)

16. DAS HUHN IST EIN SCHARR- UND FLATTERVOGEL

Begriffe vom Bauernhof

Feld, Weide und Bauer glaubt jedes Kind zu kennen. Im folgenden wird erläutert, was diese Begriffe im Sinne des Gesetzes tatsächlich bedeuten.

Schwein

Schwein im Sinne dieser Verfügung ist auch ein Elefant (lat. *Loxodonta africana* und *Elephas maximus*, jeweils in der Ausprägung *dresdneriana*).

§ 2 Abs. 1 Senatsschweinverfügung (SenSchweinV) vom 2. Juli 2003

Bulle

Bulle ist weder die Bezeichnung eines männlichen Rindviehs noch die Beleidigung für einen Polizeibeamten, sondern die Bezeichnung für ein in feierlicher Form ergehendes päpstliches Gesetz (lat. *bulla* = Siegelkapsel, Siegel, Urkunde mit Siegel)

Creifelds, S. 240

Huhn

Das Huhn ist aus ethologischer Sicht ein sozial und territorial lebender Scharr- und Flattervogel mit klar strukturierter Rangordnung, dessen wichtigstes Fortbewegungsmittel die Beine sind.

Bundesrat Drucksache 574/1/03, S. 4

Weide

Unter Weide ist eine Grünlandfläche zu verstehen, die dauernd mit Gräsern oder Kräutern bestanden ist und regelmäßig durch Nutzvieh abgeweidet wird.

Hessisches Landessozialgericht, SozEntsch 8 § 72 Nr. 5

Bauer

Bauer ist im älteren deutschen Recht der unterste, breiteste, Landwirtschaft treibende Berufsstand der Bevölkerung.

Köbler, S. 48

Landwirtschaft

Landwirtschaft im Sinne dieses Gesetzbuchs ist insbesondere der Ackerbau, die Wiesen- und Weidewirtschaft einschließlich Pensionstierhaltung auf überwiegend eigener Futtergrundlage, die gartenbauliche Erzeugung, der Erwerbsobstbau, der Weinbau, die berufsmäßige Imkerei und die berufsmäßige Binnenfischerei.

§ 201 BauGB

Legehennen

Legehennen sind legereife Hennen der Art Gallus (lat. *Gallus*), die für die Erzeugung von Eiern, die nicht für Vermehrungszwecke bestimmt sind, gehalten werden.

§ 2 Nr. 1 Legehennenbetriebsregistergesetz

Kälber

Kälber sind Rinder bis zu einem Alter von sechs Monaten.

§ 1 Abs. 1 Kälberhaltungsverordnung

Gülle

Gülle sind Exkremente, Jauche und Stallmist von Klauentieren, Einhufern oder Geflügel, die keiner Behandlung unterworfen worden sind, die eine Abtötung von Tierseuchenerregern sicherstellt.

§ 2 Nr. 1 Tierseuchenschutzverordnung

Boden

Boden im Sinne dieses Gesetzes ist die obere Schicht der Erdkruste.

§ 2 Abs. 1 Bundes-Bodenschutzgesetz

Feld

1. Feld im Sinne dieses Gesetzes ist ein Grundstück, das zur Gewinnung von Früchten dient, soweit es nicht als Forst anzusehen ist.
2. Zum Feld im Sinne des Abs. 1 gehören insbesondere Gartenanlagen aller Art, Weinberge, Obstanlagen, Baumschulen, Pflanz- oder Saatkämpe, Äcker, Wiesen und Weiden sowie Plätze, Gewässer, Wege und Gräben, die zur Benutzung bei dem Betrieb der Feldwirtschaft bestimmt sind.

§ 2 Hessisches Feld- und Forstschutzgesetz

17. BÜFFEL GELTEN ALS RINDER

Kurioses aus dem Tierreich

Tiere sind keine Pflanzen, Heimtiere werden nicht verzehrt und Hundekot ist Abfall. So zahlreich wie die Tierarten selbst sind auch deren urkomische Definitionen.

Tiere

Tiere sind Lebewesen, die dem zoologischen Reich »Tiere« angehören, und nicht etwa dem Reich der Pflanzen, Pilze oder Blaualgen und vergleichbaren Mikroorganismen.

Lorz, Einführung Rn. 1

Tier ist das Lebewesen, das sich vom Menschen durch das Fehlen von Vernunft und Sprache sowie von der Pflanze durch Bewegungsvermögen und Empfindungsvermögen unterscheidet.

Köbler, S. 463

Heimtier

Der Ausdruck Heimtier bezeichnet ein Tier, das der Mensch insbesondere in seinem Haushalt zu seiner eigenen Freude und als Gefährten hält oder das für diesen Zweck bestimmt ist.

Art. 1 Abs. 1 Europäisches Übereinkommen zum Schutz von Heimtieren

Heimtiere im Sinne dieser Richtlinie sind Tiere von Arten, die üblicherweise von Menschen gefüttert und gehalten, aber nicht verzehrt werden, ausgenommen Pelztiere.

Art. 2 i) Richtlinie des Rates vom 2. April 1979 über den Verkehr mit Mischfuttermitteln

Haushund

Der Haushund (lat. *Canis familiaris*) ist der treueste Gefährte des Menschen aus dem Tierreich.

Lorz, Verordnung über das Halten von Hunden, § 1 Rn.1

Hundekot

Hundekot ist Abfall i. S. des § 1 Abs. 1 Satz 1 Alt. 1 Abfallgesetz (AbfG), denn es handelt sich um eine bewegliche Sache, deren sich der Besitzer – dies ist bei einem geführten Hund auch der Hundeführer – entledigen will (subjektiver Abfallbegriff).

AG Düsseldorf NStZ 1999, S. 532

Kuckuck

Kuckuck im juristischen Sinne ist nicht der bis 33 cm große, schlanke, langschwänzige Zugvogel mit heller, dunkel quer gebänderter Unterseite, sondern die Marke, welche der Gerichtsvollzieher bei der Pfändung zu deren Kenntlichmachung an der betroffenen Sache anbringt, § 808 Abs.2 ZPO.

Alpmann Brockhaus, S. 986

Büffel

Büffel gelten als Rinder im Sinne dieser Verordnung.

§ 1 Abs. 1 Tierzucht-Einfuhrverordnung

Zoo

Im Sinne dieser Richtlinie bezeichnet der Ausdruck Zoo dauerhafte Einrichtungen, in denen lebende Exemplare von Wildtierarten zwecks Zurschaustellung während eines Zeitraums von mindestens sieben Tagen im Jahr gehalten werden; ausgenommen hiervon sind Zirkusse, Tierhandlungen und Einrichtungen, die die Mitgliedstaaten von den Anforderungen der Richtlinie ausnehmen, weil sie keine signifikante Anzahl von

Tieren oder Arten zur Schau stellen und die Ausnahme die Ziele der Richtlinie nicht gefährdet.

Art. 2 Richtlinie 1999/22/EG

Tierheim

Ein Tierheim ist eine nicht auf Gewinn gerichtete Einrichtung zur Verwahrung und Betreuung fremder oder herrenloser Tiere.

§ 3 Abs. 4 Wiener Tierschutz- und Tierhaltegesetz

18. SPIELZEUG SIND ERZEUGNISSE ZUM SPIELEN

Mißratene Definitionen rund um das Kind

Von der Schwangerschaft bis zum Kindergarten reichen die unfreiwillig komischen Definitionsversuche über Aufzucht und Hege der Knirpse.

Säuglinge und Kleinkinder

Im Sinne dieses Gesetzes sind:

1. Säuglinge:
   Kinder unter zwölf Monaten;
2. Kleinkinder:
   Kinder zwischen ein und drei Jahren.

§ 2 Säuglingsnahrungswerbegesetz

Kind

Kind ist im Gegensatz zu anderen Verwandten der Abkömmling ersten Grads, sonst vielfach der Mensch zwischen der Geburt und der Vollendung des 14. Lebensjahrs, öfter auch darüber hinaus.

Köbler, S. 263

Spielzeug

Spielzeug sind alle Erzeugnisse, die dazu gestaltet oder offensichtlich bestimmt sind, von Kindern im Alter bis 14 Jahren zum Spielen verwendet zu werden.

§ 1 Abs. 1 Satz 2 Verordnung über die Sicherheit von Spielzeug

Erziehung

Erziehung ist die Sorge für die sittliche, geistige und körperliche Entwicklung des Kindes, der Inbegriff aller pädagogischen Maßnahmen, durch die das Kind zur vollentwickelten Person werden soll.

Köbler, S. 147

Spiel

Spiel i. S. des § 762 ist ein Vertrag, bei dem zwei oder mehrere Parteien einen vermögenswerten Gewinn oder Verlust unter entgegengesetzten, fast immer zumindest zum Teil vom Zufall abhängigen Bedingungen (dann: Glücksspiel) vereinbaren, um einen Gewinn zu erzielen oder sich die Zeit zu vertreiben.

Staudinger-Engel, § 762 Rn. 3

Puppe

Puppen stellen Nachbildungen von Menschen dar, ggf. in Form einer Karikatur. Etwaige nicht dem Erscheinungsbild des Menschen gemäße Merkmale müssen völlig nebensächlich und unbedeutend bleiben und dürfen das allgemeine Aussehen der Figur, das im wesentlichen dem Erscheinungsbild des Menschen entsprechen muß, nicht in Frage stellen.

BFH/NV 1992, S. 357

Kindergarten

Kindergärten sind Einrichtungen zur Unterstützung und Ergänzung der häuslichen Erziehung von Kindern im Vorschulalter sowie zu ihrer Beaufsichtigung und Betreuung.

§ 1 Abs. 2 Satz 1 Vorarlberger Kindergartengesetz

Findelkind

Findelkind ist ein ausgesetztes Kind unbekannter oder unsicherer Abstammung; Art. 46 Abs.2 ZGB.

Metzger, S. 209

Schwanger

Schwangerschaft ist allgemein der von der Befruchtung eines Eis bis zur Geburt eines Kindes reichende Zeitabschnitt im Leben einer Frau.

Köbler, S. 416

Bilderbücher

»Bilderalben und Bilderbücher für Kinder im Sinne der Position 4903 sind Kinderalben und -bücher, deren Hauptmerkmal Bilder sind, während dem Text nur untergeordnete Bedeutung zukommt.

Kap. 49 Anm. 6 Verordnung (EG) Nr. 2204/1999

19. NACHSITZEN IST DAS NACH-ARBEITEN UNTER AUFSICHT

Alles über Schüler und Lehrer

Seltsame Definitionen der Schule sind wahrscheinlich die späte Rache von Juristen für einen eher erfolglosen Schulbesuch. Erfolglos deshalb, weil es nur zum Juristen und nicht zum Arzt gereicht hat.

Schule

Eine Schule ist eine auf gewisse Dauer berechnete, an fester Stätte unabhängig vom Wechsel der Lehrer und Schüler in überlieferter Form organisierte Einrichtung der Erziehung und des Unterrichts, die durch planmäßige und methodische Unterweisung eines größeren Personenkreises in einer Mehrzahl allgemeinbildender oder berufsbildender Fächer bestimmte Bildungs- und Erziehungsziele zu verwirklichen bestrebt ist und die nach Sprachsinn und allgemeiner Auffassung als Schule angesehen wird.

Bayerischer Verwaltungsgerichtshof NVwZ-RR 1995, S. 38, 39

Lehrer

Lehrer sind die an der Schule mit Billigung und im Auftrage des Dienstherrn unterrichtenden Personen.

BVerwG Buchholz 238.37, § 84 PersVG NW Nr. 1

Schüler

Schüler im allgemeinen Sinne sind alle Lernenden.

Dietze/Hess/Noack, S. 225

Unterricht

Unterricht ist die Vermittlung von Wissen, Fähigkeiten, Fertigkeiten, Handlungsweisen und Einstellungen durch Lehrer an Schüler in organisierter und institutionalisierter Form.

BFHE 173, S. 331

Bildung

Bildung ist die Formung des Menschen durch Auseinandersetzung mit den Gedanken vorbildlicher anderer Menschen.

Köbler, S. 77

Schulbücher

Schulbücher im Sinne dieser Verordnung sind Druckwerke, die für den längerfristigen Gebrauch durch Schülerinnen und Schüler konzipiert und bestimmt sind, die der Umsetzung der Lehrpläne dienen sowie in der Regel mindestens auf eine Jahrgangsstufe oder in der gymnasialen Oberstufe auf einen Halbjahreskurs bezogen sind.

§ 2 Hessische Verordnung über die Zulassung von Schulbüchern

Nachsitzen

Nachsitzen ist eine besser als Nacharbeiten unter Aufsicht zusätzlich zur Unterrichtszeit zu bezeichnende Ordnungsmaßnahme der Schule.

Staupe, S. 156

Zeugnisse

Zeugnisse sind urkundliche Nachweise über die Erreichung eines bestimmten schulischen Bildungsziels sowie die damit jeweils verbundenen Berechtigungen (z. B. zum Übergang in die nächste Klasse, zum Hochschulbesuch) und dienen der Information über den Leistungsstand.

Staupe, S. 268

Schülerzeitung

Schülerzeitschriften im Sinne dieser Verordnung sind in ständiger, wenn auch unregelmäßiger Folge erscheinende Druckwerke, die ausschließlich von Schülern einer Schule im Rahmen ihrer Beteiligung an der Gestaltung des Schullebens für Schüler dieser Schule herausgegeben sowie gestaltet werden und die für den Vertrieb auf dem Schulgrundstück bestimmt sind.

§ 2 Abs. 1 Satz 1 Schülerzeitschriftenverordnung

Mündliche Prüfung

Mündliche Prüfungen sind die Prüfungen, bei denen die Prüfungsfragen mündlich zu beantworten sind.

§ 4 Nr. 31 Universitäts-Studiengesetz (Österreich)

Versetzung

Im Sinne dieser Verordnung bedeutet Versetzung die am Ende eines Schuljahres durch Konferenzbeschluß ausgesprochene Zuweisung in den nächsthöheren Schuljahrgang der besuchten Schulform.

§ 1 Nr. 1 Niedersächsische Durchlässigkeits- und Versetzungsverordnung

20. HANDWERKER IST DER IN EINEM HANDWERK TÄTIGE MENSCH

Begriffe aus Arbeit und Beruf

Die heile Welt des Broterwerbs gibt Anlaß für so manche heitere Begriffsbestimmung. Freuen Sie sich auf die ultimativen Erläuterungen der Arbeitszeit, der Pause und der Sekretärin.

Arbeit

Arbeit ist im weiteren Sinn die auf Schaffung von Werten gerichtete körperliche oder geistige Tätigkeit des Menschen.

Köbler, S. 27

Arbeitgeber

Arbeitgeber ist die Person, die mindestens einen anderen Menschen in einem Arbeitsverhältnis als Arbeitnehmer beschäftigt.

Köbler, S. 27

Beruf

Beruf ist nicht nur die aufgrund einer persönlichen Berufung ausgewählte und aufgenommene Tätigkeit, sondern jede auf Erwerb gerichtete Beschäftigung, die sich nicht in einem einmaligen Erwerbsakt erschöpft.

BverfGE 97, S. 228, 253

Handwerker

Handwerker ist der in einem Handwerk tätige Mensch.

Köbler, S. 227

Arbeitslos
Arbeitslos ist ein Arbeitnehmer, der vorübergehend nicht in einem Beschäftigungsverhältnis steht (Beschäftigungslosigkeit) und eine versicherungspflichtige, mindestens 15 Stunden wöchentlich umfassende Beschäftigung sucht (Beschäftigungssuche).
§ 118 SGB III

Arbeitsunfähig
Arbeitsunfähigkeit ist die Unfähigkeit, eine Arbeit auszuführen.
Köbler, S. 30

Pausen
Pausen sind nach allgemeiner Meinung im voraus festgelegte Unterbrechungen der Arbeitszeit, in denen der Arbeitnehmer weder Arbeit zu leisten noch sich dafür bereitzuhalten hat, sondern frei darüber entscheiden kann, wo und wie er diese Zeit verbringen will. Entscheidendes Merkmal für die Pause ist mithin, daß der Arbeitnehmer von jeder Dienstverpflichtung und auch von jeder Verpflichtung, sich zum Dienst bereitzuhalten, freigestellt ist.
Landesarbeitsgericht München BetrR 1993, S. 100

Bildschirmarbeitsplatz
Bildschirmarbeitsplatz im Sinne dieser Verordnung ist ein Arbeitsplatz mit einem Bildschirmgerät.
§ 2 Abs. 2 Bildschirmarbeitsverordnung

Computer
Computer (Rechner) ist das System von elektrischen Schaltungen zur Behandlung umfangreicher Aufgaben der Datenverarbeitung.
Köbler, S. 96

Angestellter

Angestellter ist, wer überwiegend geistige, d. h. büromäßige oder kaufmännische Arbeit leistet. Damit erfolgt eine Abgrenzung zu den Arbeitern. Arbeiter ist, wer hauptsächlich körperliche Arbeit erbringt.

Alpmann Brockhaus, S. 72, 99

Arbeitszeit

Arbeitszeit im Sinne dieses Gesetzes ist die Zeit vom Beginn bis zum Ende der Arbeit ohne die Ruhepausen.

§ 2 Abs. 1 Arbeitszeitgesetz

Arbeitstag

Als Arbeitstag i. S. des § 40 a) Abs. 1 Satz 2 Nr. 1 EStG ist grundsätzlich der Kalendertag zu verstehen. *Ganz schön lange Arbeitszeit!*

Nr. H 128 Lohnsteuer-Richtlinien 2002

Fabrik

Fabrik ist das Gebäude oder der Raum, in dem industriemäßig aus Rohstoffen Erzeugnisse hergestellt werden.

Köbler, S. 156

Sekretärin

Der Begriff der Sekretärin ist im Gesetz nirgends festgelegt. In den maßgebenden Kreisen der Wirtschaft versteht man darunter eine Schreibdame, die auf Grund eines besonderen Vertrauensverhältnisses zum Inhaber einer Firma oder zu einem leitenden Angestellten ausschließlich oder in erster Linie Büroarbeiten für diesen zu erledigen hat.

Landesarbeitsgericht Bremen RdA 1948, S. 110

21. SCHACH GILT ALS SPORT

Freizeitbegriffe

Der Jurist hat natürlich auch für zahlreiche Freizeitbeschäftigungen eine Definition parat. Sie fragen sich vielleicht, was Juristen in ihrer Freizeit machen. Die Antwort liegt auf der Hand: Definieren.

Zirkus

Als Zirkusvorführungen wird die Vorführung eines Programms anzusehen sein, daß sich in aller Regel aus artistischen und komischen Darbietungen sowie aus Dressurleistungen (z. B. mit Pferden, Raubtieren, Elefanten) und ähnlichen Leistungen zusammensetzt und musikalisch umrahmt wird. Die Vorführungen finden üblicherweise in einem ortsfesten Gebäude oder in einem transportablen Großzelt (Wanderzirkus) mit einer in der Mitte befindlichen Manege statt.

Nr. 10.2.11.1 Umsatzsteuerrichtlinien (Österreich)

Volksfest

Ein Volksfest ist eine im allgemeinen regelmäßig wiederkehrende, zeitlich begrenzte Veranstaltung, auf der eine Vielzahl von Anbietern unterhaltende Tätigkeiten i. S. des § 55 Abs. 1 Nr. 2 ausübt und Waren feilbietet, die üblicherweise auf Veranstaltungen dieser Art angeboten werden.

§ 60 b) Abs. 1 Gewerbeordnung

Tanzen

Unter dem Begriff des Tanzens wird jede rhythmische, den ganzen Körper miteinbeziehende Körperbewegung zu verstehen sein, welche regelmäßig mit musik- oder schlaginstrumentaler Begleitung erfolgt.

Liesching, § 5 JuSchG, Rn. 1

Diskothek

Ein Tanzlokal ist als Diskothek einzuordnen, wenn es auf ein vorwiegend sehr junges Publikum ausgerichtet ist, über aufwendige Beschallung und auffällige und ausgefallene Beleuchtung verfügt, besondere Getränke angeboten werden und mehr oder weniger bekannte Künstler des Showgeschäfts auftreten.

OLG Celle, RuS 1987, S. 232

Preisausschreiben

Sonderfall der Auslobung, die eine Preisbewerbung durch mehrere, zueinander in Wettbewerb tretende Bewerber zum Gegenstand hat (§ 661 Abs. 1 BGB).

Alpmann Brockhaus, S. 1017

Schach

Schach gilt als Sport.

§ 52 Abs. 2 Nr. 2 Satz 2 Abgabenordnung

Wette

Eine Wette besteht darin, daß die Vertragspartner einander zur Bekräftigung bestimmter widerstreitender Behauptungen, daß demjenigen, dessen Behauptungen sich als richtig erweist, ein Gewinn zufallen soll.

Palandt-Sprau, § 762 Rn. 3

Sport

1. Sport ist Wettkampfsport oder Körpersport.
2. Wettkampfsport ist eine menschliche Betätigung, mit der in einem nach (inter)national einheitlichen Regeln organisierten Wettkampf das Erreichen von Leistungen erstrebt wird, die außerhalb des Wettkampfs keinen Nutzen haben.
3. Körpersport ist eine menschliche Betätigung, die eine körperliche Kraftentfaltung oder eine besondere körperliche Koordination erfordert und als Wettkampfsport oder in Anlehnung an eine Wettkampfsportart oder zur Verbesserung der körperlichen Leistungsfähigkeit betrieben wird.

Holzke, S.247

Orchester

Unter Orchester versteht man gemeinhin ein Instrumentalensemble, in dem bestimmte Instrumentengruppen besetzt sind und das von einem Dirigenten geleitet wird.

BSG SozR 3-5425, § 24 Nr. 11

Musikinstrumente

Musikinstrumente sind keine Werkzeuge.

BFHE 178, S. 350

Museum

Museen sind Einrichtungen, die der Sammlung und systematischen Aufbewahrung von Gegenständen von kultureller Bedeutung dienen.

Nr. 10.2.8.3.1 Umsatzsteuerrichtlinien (Österreich)

22. ZEITUNG IST EIN PERIODISCHES DRUCKWERK

Medien im Lichte der Definitionslehre

Hätten Sie gedacht, daß Spielfilme eine fortlaufende Spielhandlung enthalten? Oder daß Bücher Druckerzeugnisse zum Lesen sind? Von A wie Antenne bis Z wie Zeitung reichen die kurios beschriebenen Begriffe aus der Medienwelt.

Kinofilm

Unter Kinofilmen versteht man Bewegtbildmaterial jeglicher Länge – insbesondere Spielfilme, Zeichentrickfilme und Dokumentarfilme –, das im Kino gezeigt werden soll.

Nr. 12 Empfehlung des Europäischen Parlaments und des Rates zum Filmerbe und zur Wettbewerbsfähigkeit der einschlägigen Industriezweige

Spielfilm

Spielfilme sind solche Filme, die eine fortlaufende Spielhandlung enthalten, um derentwillen sie hergestellt werden.

Unbekanntes Verwaltungsrechtslehrbuch, zitiert nach Schneider, S. 38

Bücher

Bücher sind Druckerzeugnisse, die durch Text charakterisiert, zum Lesen oder Nachschlagen bestimmt sind, auch illustriert.

Offerhaus/Söhn/Lange, § 12 Abs. 2 Nr. 1 UStG, Rn. 103

Schriftsteller

Der Begriff des Schriftstellers wird wie folgt erläutert:

1. Er muß schreiben,
2. er muß für die Öffentlichkeit schreiben,

3. es muß sich bei dem Geschriebenen um den Ausdruck eigener Gedanken handeln, mögen sich diese auch auf rein tatsächliche Vorgänge beziehen.

Es ist nicht erforderlich, daß das Geschriebene einen wissenschaftlichen oder künstlerischen Inhalt hat. Der Schriftsteller braucht weder ein Dichter noch ein Künstler noch ein Gelehrter zu sein.

BFHE 67, S. 115

Zeitung

Unter Zeitung wird ein periodisches Druckwerk mit einem maßgeblichen redaktionellen Teil im Sinne einer eigenständigen Bearbeitung bestimmter Themenkomplexe verstanden.

LG Aachen AfP 1998, S. 93

Zeitschrift

Zeitschrift ist die meist periodisch erscheinende, oft auf bestimmte Interessentenkreise zugeschnittene Druckschrift.

Köbler, S. 550

Rundfunk

Rundfunk ist die für die Allgemeinheit bestimmte Veranstaltung und Verbreitung von Darbietungen aller Art in Wort, in Ton und in Bild unter Benutzung elektromagnetischer Schwingungen ohne Verbindungsleitung oder längs oder mittels eines Leiters.

§ 2 Abs. 1 Satz 1 Rundfunkstaatsvertrag

Radio

Rundfunkempfangsgeräte im Sinne dieses Staatsvertrages sind technische Einrichtungen, die zur drahtlosen oder drahtgebundenen, nicht zeitversetzten Hör- oder Sichtbarmachung oder Aufzeichnung von Rundfunkdarbietungen geeignet sind.

§ 1 Satz 1 Rundfunkgebührenstaatsvertrag

Fernseher

Ein Empfangsgerät für das Fernsehen besteht aus einer Kathodenstrahlröhre (Bildröhre), einem Eingangstransformator, einem Zeilentransformator, Verstärkerstufen für Video-Signale und für Audio sowie einer auf den Hals der Bildröhre aufgesetzten Ablenkeinheit und ist in dieser Beschaffenheit für den drahtgebundenen Bildempfang geeignet.

BFHE 135, S. 365

Fernsehsendung

Fernsehsendung bedeutet eine drahtgebundene oder drahtlose, erdgebundene oder durch Satelliten vermittelte, unverschlüsselte oder verschlüsselte Erstsendung von Fernsehprogrammen, die zum Empfang durch die Allgemeinheit bestimmt ist.

§ 2 Nr. 3 Österreichisches Zugangskontrollgesetz (ZuKG)

Fotos

Lichtbilder i. S. des § 73 Abs. 1 UrhG AUT sind durch ein fotografisches Verfahren oder ein der Fotografie ähnliches Verfahren hergestellte Abbildungen.

Oberster Gerichtshof Wien, GRUR Int 2001, S. 351

Filme

Filme sind alle Bilderreihen, die zur Darstellung durch einen Projektor geeignet sind, einschließlich des Tones.

Alpmann Brockhaus, S. 1110

Antenne

Unter Antenne ist nicht nur der Teil der Antennenanlage zu verstehen, durch den die elektromagnetischen Wellen aufgenommen werden, sondern die gesamte Anlage samt Mast, Antennenmastweiche, Kabel, Empfängerweiche usw., also alles, was an Einzelteilen zu einer funktionsfähigen Empfangsanlage gehört.

Verwaltungsgerichtshof Baden-Württemberg, 11. Senat,
Urteil vom 13. Februar 1979, Az.: XI 1139/77

23. KÜNSTLER IST, WER WERKE DER KUNST SCHAFFT

Kunstbegriffe

Allgemein gilt Kunst als nicht definierbar. Das hält die Rechtsgelehrten natürlich nicht ab, es trotzdem zu versuchen. Die Ergebnisse dieser Definitionsversuche führen nicht unbedingt zu mehr Klarheit, können aber der allgemeinen Belustigung dienen.

Künstler

Künstler im steuerlichen Sinne ist, wessen Tätigkeit – zumindest von einer Minderheit der zur fachgerechten Beurteilung kompetenten Personen – als künstlerisch bewertet wird.

Schleswig-Holsteinisches Finanzgericht, Entscheidungen der Finanzgerichte 1990, S. 257

Künstler im Sinne dieses Bundesgesetzes ist, wer in den Bereichen der bildenden Kunst, der darstellenden Kunst, der Musik, der Literatur oder in einer ihrer zeitgenössischen Ausformungen (insbesondere Fotografie, Filmkunst, Multimediakunst, literarische Übersetzung, Tonkunst) auf Grund seiner künstlerischen Befähigung im Rahmen einer künstlerischen Tätigkeit Werke der Kunst schafft.

§ 2 Abs. 1 Künstler-Sozialversicherungsfondgesetz (Österreich)

Kunst

Kunst ist allgemein das bestimmte Können und besonders die an ästhetischen Werten ausgerichtete Gestaltung gleich welcher Form (z. B. Dichtung, Malerei, Musik, Plastik).

Köbler, S. 284

Malen

Der Begriff Malen bedeutet, etwas zweidimensional, insbesondere in Farben, künstlerisch auszudrücken.

BFH/NV 1992, S. 636

Gemälde

Gemälde und Zeichnungen sind Erzeugnisse von Kunstmalern und Zeichnern. Es können, ohne Rücksicht darauf, ob es sich um alte oder moderne Werke handelt, »Ölgemälde, Gemälde in Wachs, Gemälde in Temperafarben, Aquarelle, Gouachen, Pastelle, Miniaturen, farbig ausgemalte Handzeichnungen, Bleistift- oder Federzeichnungen usw. auf Stoffen aller Art sein«.

BFH/NV 1992, S. 636

24. LUFT IST DIE DIE ERDKRUSTE UMGEBENDE GASSCHICHT

Naturgewalten für Juristen

Blitz, Sturm und Feuer sind nicht nur wunderschön anzuschauende Naturereignisse, sondern oft auch ein Schadensfall für die Versicherungen. Bevor das Geld endlich fließt, müssen jedoch erstmal verquere juristische Definitionen verdaut werden.

Blitz

Blitz ist die Entladung des in einer Wolke vorhandenen elektrischen Feldes.

Martin, C II Rn. 2

Sturm

Der Sturm ist eine atmosphärisch bedingte Luftbewegung von mindestens Windstärke 8 auf der Beaufort-Skala.

Martin, E II Rn. 17

Überschwemmung

Überschwemmung ist die Ansammlung erheblicher Wassermengen auf Geländeoberflächen als unmittelbare Folge von außergewöhnlichem Hochwasser, von außergewöhnlichen Niederschlägen, von außergewöhnlicher Schneeschmelze oder jeweils dadurch entstandenem Deichbruch.

Nr. 3.7.1 Besondere Bedingungen zur Hausratversicherung

Erdbeben

Erdbeben ist eine naturbedingte Erschütterung des Erdbodens, die durch geophysikalische Vorgänge im Erdinneren ausgelöst wird.

Nr. 3.6.1 Besondere Bedingungen zur Hausratversicherung

Natur

Natur ist die ohne menschliches Zutun entstandene Welt und die hinter ihr stehende Kraft sowie deren Wesen.

Köbler, S. 322

Luft

Luft ist die die Erdkruste umgebende Gasschicht.

Köbler, S. 300

Katastrophen

Katastrophen im Sinne dieses Gesetzes sind Großschadensereignisse, die zu einer gegenwärtigen Gefahr für das Leben oder die Gesundheit einer Vielzahl von Menschen, für die Umwelt oder für sonstige bedeutsame Rechtsgüter führen und die von den für die Gefahrenabwehr zuständigen Behörden mit eigenen Kräften und Mitteln nicht angemessen bewältigt werden können.

§ 2 Abs. 1 Katastrophenschutzgesetz

Lawinen

Lawinen sind an Berghängen niedergehende Fels-, Stein-, Schnee oder Eismassen.

Nr. 3.6.5 Besonderen Bedingungen zur Hausratversicherung

Feuer

Feuer ist jeder Vorgang, den entweder das Laienverständnis als Feuer empfindet oder der wegen naturwissenschaftlich begründeter enger Vergleichbarkeit der zugrunde liegenden chemisch-physikalischen Teilvorgänge einem Feuer gleichsteht.

Martin, C I Rn. 10

Feuerwehr

Die Feuerwehr ist eine allgemeine Schadenwehr, die einen raschen Einsatz und unverzügliche Hilfe gewährleistet bei Bränden und Explosionen, Elementarereignissen und Ereignissen, welche die Umwelt schädigen oder gefährden.

Art. 15 Abs. 1 Feuerwehrreglement der Gemeinde Emmen

25. SEGELSCHIFF IST EIN SCHIFF MIT SEGELN

Maritime Begriffe

Was für einen Kapitän das Navigieren, ist für einen Juristen das Definieren. Auch so selbstverständliche Begriffe wie Schiff, Strand und Ertrinken werden von ihm mit messerscharfer Logik analysiert.

Schatz

Schatz ist eine Sache, die so lange verborgen gelegen hat, daß ihr Eigentümer nicht mehr zu ermitteln ist.

§ 984 BGB

Schiff

Unter Schiff ist ein nicht dauerhaft am Meeresboden befestigtes Wasserfahrzeug jeder Art und Größe zu verstehen.

Bundestag-Drucksache 11/4946, S.6

Segelschiff

Segelschiff bedeutet ein Schiff, das für die Fortbewegung mit Segeln versehen ist. Ein Segelschiff, das mit oder ohne gesetzte Segel unter Motor fährt, gilt im Sinne der Verkehrsvorschriften als Schiff mit Maschinenantrieb.

Art. 2 i) Binnenschiffahrtsverordnung (Schweiz)

Gewässer

Gewässer ist die nicht ganz unbedeutende Ansammlung von Wasser.

Köbler, S. 205

Küste

Küste ist die Begrenzung des Meers durch das Land.

Köbler, S. 285

Strand

Meeresstrand ist die Fläche zwischen der Niedrigwasserlinie und dem durch den Beginn des Graswuchses und der Dünen gekennzeichneten höchsten Flutstand.

Staudinger-Dilcher, Vorbem. zu § 90 Rn. 30

Schiffsjunge

Schiffsjunge ist ein Angehöriger der Decksmannschaft, der mindestens 15 Jahre alt ist, nicht mehr der Vollzeitschulpflicht unterliegt und nachweislich in einem ordnungsgemäßen Berufsausbildungsverhältnis steht.

§ 113 Abs. 1 Nr. 4 Binnenschiffs-Untersuchungsordnung

Strandgut

Strandgut sind besitzlos gewordene Gegenstände, die von der See auf den Strand geworfen (Seeauswurf) oder gegen den Strand getrieben werden (strandtriftige Gegenstände) und vom Strand aus geborgen werden.

Köst, S. 435

Ertrinken

Ertrinken ist der Tod durch Sauerstoffabschluß durch eine beliebige Flüssigkeit nach etwa drei bis fünf Minuten.

Metzger, S. 189

Matrose

Matrose ist ein Angehöriger der Decksmannschaft, der entweder die Lehrabschlußprüfung für Binnenschiffer bestanden hat oder der nach vollendetem 14. Lebensjahr mindestens drei

Jahre in der Decksmannschaft eines See- oder Binnenschiffs gefahren ist, davon mindestens sechs Monate auf Binnengewässern.

§ 113 Abs. 1 Nr. 3 Binnenschiffs-Untersuchungsordnung

Deich

Deich ist der das Land vor Wasser schützende Damm.

Köbler, S. 101

Kapitän

Kapitän ist der vom Reeder bestellte Führer des Schiffs.

§ 2 Abs. 1 Seemannsgesetz

Hafen

Hafen oder Seehafen ist ein Gebiet mit Land- und Wasseranteilen, dessen Befestigungen und Anlagen in erster Linie die Aufnahme von Schiffen sowie deren Beladen und Löschen, die Lagerung von Gütern, den Empfang und die Lieferung dieser Güter durch Landverkehrsmittel sowie das Ein- und Ausschiffen von Fahrgästen ermöglichen.

Art. 3 Abs. 1 Richtlinie des Europäischen Parlaments und des Rates zur Verbesserung der Gefahrenabwehr in Häfen

Sportboot

Im Sinne dieser Richtlinie bezeichnet der Ausdruck Sportboot unabhängig von der Antriebsart sämtliche Boote mit einer nach der harmonisierten Norm gemessenen Rumpflänge von 2,5 m bis 24 m, die für Sport- und Freizeitzwecke bestimmt sind.

Art. 1 Abs. 3 a) Richtlinie 94/25/EG

Fahrgast
Im Sinne dieser Richtlinie und ihrer Anhänge bezeichnet der Ausdruck Fahrgast jede Person mit Ausnahme des Kapitäns und der Mitglieder der Schiffsbesatzung oder anderer Personen, die in irgendeiner Eigenschaft an Bord eines Schiffes für dessen Belange angestellt oder beschäftigt sind, und von Kindern unter einem Jahr.

Art. 2 i) Richtlinie 98/18/EG

Ruderboot
Ruderboot bedeutet ein Schiff, das nur mittels Ruder oder auf ähnliche Weise mit menschlicher Kraft fortbewegt werden kann.

Art. 2 k) Binnenschiffahrtsverordnung (Schweiz)

Schlauchboot
Schlauchboot bedeutet ein aus mehreren separaten Luftkammern mit oder ohne feste Bauteile bestehendes aufblasbares Schiff.

Art. 2 k) Binnenschiffahrtsverordnung (Schweiz)

26. REISE IST DIE FAHRT ZU EINEM ENTFERNTEN ORT

Urlaub und Reisen

Bei den schönsten Wochen des Jahres fällt dem Juristen zuerst »Pauschalurlaub zum Nulltarif«, also Reisepreisminderung, ein. Urlaub und Reisen bieten deshalb Anlaß für recht viele kurzweilige Definitionen.

Reise

Unter einer Reise versteht man die unterschiedliche Zwecke verfolgende und unterschiedliche Verkehrsmittel nutzende Fahrt zu einem entfernten Ort einschließlich einer gewissen Dauer des Fortbleibens. Sie umfaßt die Zeitspanne vom Aufbruch bis zur Rückkehr oder zum Eintreffen am Ort endgültigen Verbleibens.

OLG Saarbrücken NJW-RR 1999, S. 1404

Urlaub

Urlaub ist die bezahlte arbeitsfreie Arbeitszeit.

Köbler, S. 483

Badesaison

Im Sinne dieser Richtlinie versteht man unter Badesaison den Zeitraum, in dem unter Berücksichtigung der örtlichen Gepflogenheiten einschließlich der etwaigen örtlichen Badevorschriften sowie der meteorologischen Verhältnisse mit einem starken Zustrom von Badenden gerechnet werden kann.

Art. 1 Abs. 2 c) Badegewässerrichtlinie, Richtlinie 76/160/EWG

Flug

Unter einem Flug ist der Vorgang vom Start bis zur folgenden Landung zu verstehen.

BGH MDR 1984, S. 472

Ankunft

Bei Flugreisen gilt ein Land in dem Zeitpunkt als erreicht, in dem das Flugzeug dort landet.

Nr. 39 Abs. 3 Lohnsteuer-Richtlinien 2002

Flughafen

Flughäfen sind Flugplätze, die nach Art und Umfang des vorgesehenen Flugbetriebs einer Sicherung durch einen Bauschutzbereich nach § 12 des Luftverkehrsgesetzes bedürfen.

§ 38 Abs. 1 Luftverkehrs-Zulassungs-Ordnung

Afrika

Afrika ist der im Süden Europas gelegene Kontinent.

Köbler, S. 9

Pass

Pass ist die für den Ausweis eines Menschen bei der Einreise, Ausreise und dem Aufenthalt im Ausland grundsätzlich erforderliche öffentliche Urkunde.

Köbler, S. 346

Bahnhof

Bahnhöfe sind Bahnanlagen mit mindestens einer Weiche, wo Züge beginnen, enden, ausweichen oder wenden dürfen.

§ 4 Abs. 2 Satz 1 Eisenbahn-Bau- und Betriebsordnung

Fahrkarte

Fahrkarte ist eine von einem Eisenbahnunternehmen ausgestellte oder von diesem genehmigte gültige Urkunde, die den Abschluß eines Beförderungsvertrags nachweist und zur Beförderung berechtigt, oder etwas Gleichwertiges in papierloser, einschließlich elektronischer, Form.

Art. 2 Abs. 9 Verordnung des Europäischen Parlaments und des Rates über die Rechte und Pflichten der Fahrgäste im grenzüberschreitenden Eisenbahnverkehr

Pauschalreise

Im Sinne dieser Richtlinie bedeutet Pauschalreise: die im voraus festgelegte Verbindung von mindestens zwei der folgenden Dienstleistungen, die zu einem Gesamtpreis verkauft oder zum Verkauf angeboten wird, wenn diese Leistung länger als 24 Stunden dauert oder eine Übernachtung einschließt:

a) Beförderung,
b) Unterbringung,
c) andere touristische Dienstleistungen, die nicht Nebenleistungen von Beförderung oder Unterbringung sind und einen beträchtlichen Teil der Gesamtleistung ausmachen.

Art. 2 Nr. 1 EG-Richtlinie 90/314/EWG

Reisegepäck

Als Reisegepäck gelten sämtliche Sachen des persönlichen Reisebedarfs, die während einer Reise mitgeführt, am Körper oder in der Kleidung getragen oder durch ein übliches Transportmittel befördert werden. Als Reisegepäck gelten auch Geschenke und Reiseandenken, die auf der Reise erworben werden.

§ 1 Nr. 2 AVB Reisegepäck 1992

Hotel

Ein Beherbergungsbetrieb liegt nur vor, wenn Räume ständig wechselnden Gästen zum vorübergehenden Aufenthalt zur Verfügung gestellt werden, ohne daß diese dort ihren häuslichen Wirkungskreis unabhängig gestalten können.

BVerwG NVwZ 1989, S. 1060

Reisebedarf

Reisebedarf im Sinne dieses Gesetzes sind Zeitungen, Zeitschriften, Straßenkarten, Stadtpläne, Reiselektüre, Schreibmaterialien, Tabakwaren, Schnittblumen, Reisetoilettenartikel, Filme, Tonträger, Bedarf für Reiseapotheken, Reiseandenken und Spielzeug geringeren Wertes, Lebens- und Genußmittel in kleineren Mengen sowie ausländische Geldsorten.

§ 2 Abs. 2 Ladenschlußgesetz

Heimat

Mit dem Begriff der Heimat ist die örtliche Herkunft eines Menschen nach Geburt oder Ansässigkeit im Sinne der emotionalen Beziehung zu einem geographisch begrenzten, den einzelnen mitprägenden Raum (Ort, Landschaft) gemeint.

BVerfGE 102, S. 41

Ausland

Ausland ist jedes Gebiet außerhalb des Inlands.

Schönke/Schröder-Eser, Vorbem. §§ 3-7 Rn. 33

27. WOCHE UMFASST EINEN ZEITRAUM VON SIEBEN TAGEN

Zeit für Juristen

Termine und Fristen bestimmen das Leben jedes Juristen. Kein Wunder, daß er auf die juristisch exakte Bestimmung der Zeit viel Mühe verwendet.

Zeit

Zeit ist die dem Menschen erkennbar die Dauer kosmischer Gegebenheiten bestimmende Dimension.

Köbler, S. 549

Tag

Als Tag gilt der Zeitraum von 12 Stunden.

§ 2 Abs. 4 Nr. 1 Feuerwehrsatzung Holzwickede

Sofort

Sofort i. S. von § 271 Abs. 1 BGB heißt weder »auf der Stelle« noch »ohne schuldhaftes Zögern«, sondern in nach Treu und Glauben unter Berücksichtigung der Verkehrssitte objektiv angemessener Zeitspanne.

OLG München NJW-RR 1992, S. 818

Woche

Auch in § 36 Abs. 3 S 1 GVG ist der Begriff Woche dem allgemeinen Sprachgebrauch entsprechend dahin auszulegen, daß er einen Zeitraum von sieben Tagen umfaßt.

BayObLGSt 1996, S. 172

Feiertag

Feiertag ist der kraft Gesetzes arbeitsfreie Arbeitstag.

Köbler, S. 162

Uhren

Als Uhren gelten Zeitmeßinstrumente, deren Werk in der Breite, Länge oder im Durchmesser 50 mm oder in der Dicke 12 mm, gemessen mit Boden und Brücke, nicht überschreitet.

Art. 1 Abs. 1 Verordnung über die Benützung des Schweizer Namens für Uhren

Kalender

Kalender ist die astronomische Festsetzung zwecks Einteilung der Zeit in allgemein verständliche Einheiten.

Köbler, S. 257

Nacht

Die Nachtzeit umfaßt in dem Zeitraum vom 1. April bis 30. September die Stunden von neun Uhr abends bis vier Uhr morgens und in dem Zeitraum vom 1. Oktober bis 31. März die Stunden von neun Uhr abends bis sechs Uhr morgens.

§ 104 Abs. 3 StPO

Jahr

Mit dem Wort Jahr in § 3 der Aufenthalts-Anordnung ist nicht das Kalenderjahr, sondern das Leistungsbezugsjahr gemeint.

Landessozialgericht Berlin, 4. Senat Urteil vom 27. August 1993, Az.: L 4 Ar 6/92

Sonntag
Sonntag ist der siebente, weitgehend arbeitsfrei gehaltene Tag der Woche.

Köbler, S. 427

Rechtlicher Tag
Der rechtliche Tag beginnt als Werktag in der Regel zu einer bestimmten Stunde am Vormittag (Morgen) und endet zu einer bestimmten Stunde am Nachmittag (Abend). Er liegt zumeist innerhalb der Zeitspanne der hellen Hälfte des natürlichen Tages.

Winkler, S. 38

28. WAHRSAGEN IST DAS VORAUSSAGEN KÜNFTIGER EREIGNISSE

Ein Sammelsurium absurder Definitionen

Zum Abschluß wird Ihnen eine bunte Mischung absurder Definitionen von A wie »Anfänglich« bis Z wie »Zufall« präsentiert. Freuen Sie sich auf die amtliche Begriffsbestimmung des Wahrsagens, des Unfugs und des Zufalls.

Anfänglich

Anfänglich heißt schon am Anfang vorhanden.

Köbler, S. 18

Wahrsagen

Wahrsagen ist das Voraussagen künftiger Ereignisse, das Ausdeuten der Gegenwart und der Vergangenheit und jede Offenbarung von Dingen, die dem natürlichen Erkenntnisvermögen entzogen sind. Hierzu gehören insbesondere das Kartenlegen, die Stellung des Horoskops (Sterndeuterei), die Zeichen- und Traumdeutung und die Handlese- und Handschriftendeutung.

BVerwGE 22, S. 286

Unfug

Das Wort Unfug deutet auf ein Verhalten hin, das sich bewußt nicht in die für das gedeihliche Zusammenleben in der jeweiligen Rechtsgemeinschaft erforderliche Ordnung einfügt.

BGHSt 13, S. 241, 244

Beschädigung

Beschädigung ist die ohne den Willen des Berechtigten meist durch Verhalten eines andern eintretende Wertverringerung eines Gegenstands oder Guts.

Köbler, S. 63

Flucht

Flucht ist die rasche, meist durch die Furcht vor einer Gefahr veranlaßte Ortsveränderung.

Köbler, S. 167

Friede

Friede ist der Zustand ungestörter Ordnung, in dem sich niemand gewaltsamer Mittel bedient, um seine besonderen Interessen durchzusetzen.

Köbler, S. 174

Friedhof

Friedhof ist der Ort, an dem die Toten bestattet werden.

Köbler, S. 174

Vermischung

Vermischung (§ 948 BGB) ist die – praktisch – untrennbare Vermengung mehrerer beweglicher Sachen.

Köbler, S. 501

Lärm

Unter Lärm sind hörbare, durch Schallwellen verbreitete Einwirkungen zu verstehen, die nach Art, Ausmaß oder Dauer einen durchschnittlich empfindlichen Menschen stören.

Schönke/Schröder-Stree/Heine, § 325 a) Rn. 3

Zufall

Zufall ist das Ereignis, für das keine Gesetzmäßigkeit zu erkennen ist.

Köbler, S. 553

SELBER DEFINIEREN LEICHT GEMACHT

Vielleicht sind Sie auf den Geschmack gekommen und wollen selbst zum Definitoren werden. Die folgende Anleitung hilft Ihnen, in Sekundenschnelle aus jedem Alltagsbegriff eine perfekte juristische Definition zu machen.

1. Schritt: Sie nehmen ein ganz normales Wort, z. B. »Mausefalle«.

2. Schritt: Sie zerlegen den Begriff in seine Einzelteile, hier »Maus« und »Falle« und definieren sie umgangssprachlich. Am einfachsten ist das Aufzeigen der höheren Gattung und das Hinzufügen des Artunterschieds.
So gehört die Maus zu den Nagetieren und ist anhand ihrer geringen Größe und ihres grauen Fells unterscheidbar. Eine Maus ist demnach ein kleines Nagetier mit grauem Fell.
Eine Falle ist ein Mittel zum Fangen von Tieren. Der Unterschied der Mausefalle zu anderen Fallen ist, daß sie rein mechanisch, also ohne Gift oder ähnliches, arbeitet. Eine Falle ist deshalb eine mechanisch arbeitende Vorrichtung zum Fangen von Tieren. Zusammengesetzt ergibt sich daraus die erste Version unserer Definition:

Die Mausefalle ist eine mechanisch arbeitende Vorrichtung zum Fangen von kleinen Nagetieren mit grauem Fell.

3. Schritt: Stellen Sie der Definition das Wort »Unter« voran und fügen Sie nach Nennung des zu definierenden Begriffs die Floskel »im Sinne dieses Gesetzes/Verordnung etc.« ein und beenden Sie den Satz mit »zu verstehen«.

Unter Mausefalle im Sinne dieses Gesetzes ist eine mechanisch arbeitende Vorrichtung zum Fangen von kleinen Nagetieren mit grauem Fell zu verstehen.

4. Schritt: Verkomplizieren Sie die Definition durch eine genaue Beschreibung der Sache samt genauen Maßangaben. Eine Mausefalle besteht aus einem hölzernen Grundbrett in den Maßen 100 x 50 mm, einem darin eingearbeiteten beweglichen Klappbrett mit einer Aufnahmevorrichtung für Lockmittel, einem federbetriebenen Metallbügel sowie einem drahtgesteuerten Auslösemechanismus.

Unter Mausefalle im Sinne dieses Gesetzes ist eine mechanisch arbeitende Vorrichtung zum Fangen von kleinen Nagetieren mit grauem Fell zu verstehen. Sie besteht aus einem hölzernen Grundbrett in den Maßen 100 x 50 mm, einem darin eingearbeiteten beweglichen Klappbrett mit einer Aufnahmevorrichtung für Lockmittel, einem federbetriebenen Metallbügel sowie einem drahtgesteuerten Auslösemechanismus.

5. Schritt: Fügen Sie an beliebiger Stelle die lateinische Übersetzung eines Begriffs ein. Mit dem gelegentlichen Einstreuen von lateinischen Ausdrücken lassen sich prima Sprachbarrierern zwischen Juristen und dem gemeinen Volk errichten. Hier bietet sich die lateinische Bezeichnung der Hausmaus an.

Unter Mausefalle im Sinne dieses Gesetzes ist eine mechanisch arbeitende Vorrichtung zum Fangen von kleinen Nagetieren mit grauem Fell (lat. Mus musculus domesticus*) zu verstehen. Sie besteht aus einem hölzernen Grundbrett in den Maßen 100 x 50 mm, einem darin eingearbeiteten beweglichen Klappbrett mit einer Aufnahmevorrichtung für Lockmittel, einem feder-*

betriebenen Metallbügel sowie einem drahtgesteuerten Auslösemechanismus.

6. Schritt: Krönender Abschluss jeder juristischen Definition ist eine Negation des Begriffes. Dabei wird überflüssigerweise beschrieben, was der Begriff nicht bedeutet. Wichtig ist eine möglichst sinnentleerte Aussage. Keinesfalls darf das Anhängsel eine Abgrenzung von verwechslungsfähigen Begriffen enthalten. Vorliegend würde eine Einschränkung dahingehend genügen, daß eine Falle keine Mausefalle ist, wenn sie sich zum Fangen von Mäusen nicht eignet.

Unter Mausefalle im Sinne dieses Gesetzes ist eine mechanisch arbeitende Vorrichtung zum Fangen von kleinen Nagetieren mit grauem Fell (lat. Mus musculus domesticus*) zu verstehen. Sie besteht aus einem hölzernen Grundbrett in den Maßen 100 x 50 mm, einem darin eingearbeiteten beweglichen Klappbrett mit einer Aufnahmevorrichtung für Lockmittel, einem federbetriebenen Metallbügel sowie einem drahtgesteuerten Auslösemechanismus. Eine Falle ist keine Mausefalle, wenn sie sich zum Fangen von Mäusen nicht eignet.*

Alternativ könnte auch die höchst sinnlose Abgrenzung zur Hauskatze erfolgen, sozusagen eine Abgrenzung für die Katz. Der letzte Satz würde dann wie folgt lauten:
Hauskatzen (lat. Felis silvestris f. catus*) gelten mangels mechanischer Arbeitsweise nicht als Mausefallen.*

ABKÜRZUNGEN

Abs.	Absatz
AfP	Archiv für Presserecht, Zeitschrift für Medien- und Kommunikationsrecht
AG	Amtsgericht
Anm.	Anmerkung
Art.	Artikel
AVB	Allgemeine Versicherungsbedingungen
Az.	Aktenzeichen
BAG	Bundesarbeitsgericht
BauGB	Baugesetzbuch
BayObLGSt	Entscheidungen des Bayerischen Obersten Landesgerichts in Strafsachen
BetrR	Der Betriebsrat
BFHE	Sammlung der Entscheidungen des Bundesfinanzhofs
BFH/NV	Sammlung amtlich nicht veröffentlichter Entscheidungen des Bundesfinanzhofs
BGB	Bürgerliches Gesetzbuch
BGH	Bundesgerichtshof
BGHSt	Entscheidungssammlung des Bundesgerichtshofs in Strafsachen
BGHZ	Entscheidungssammlung des Bundesgerichtshofs in Zivilsachen
BSG	Bundessozialgericht
BSGE	Entscheidungen des Bundessozialgerichts
BverfGE	Entscheidungen des Bundesverfassungsgerichts
BVerwG	Bundesverwaltungsgericht
BVerwGE	Entscheidungen des Bundesverwaltungsgerichts

DStRE	Deutsches Steuerrecht – Entscheidungsdienst
DWW	Deutsche Wohnungswirtschaft
EG	Europäische Gemeinschaft
EGBGB	Einführungsgesetz zum Bürgerlichen Gesetzbuch
EStG	Einkommensteuergesetz
EuGHE I	Gerichtshof der Europäischen Gemeinschaften. Teil I: Rechtsprechung des Gerichtshofs
EWG	Europäische Wirtschaftsgemeinschaft
FamRZ	Zeitschrift für das gesamte Familienrecht
ff.	folgende
GG	Grundgesetz
GRUR Int	Gewerblicher Rechtsschutz und Urheberrecht. Internationaler Teil
InVo	Insolvenz und Vollstreckung
i. S.	im Sinne
JuSchG	Jugendschutzgesetz
JZ	Juristenzeitung
Kap.	Kapitel
KG	Kammergericht
lat.	lateinisch
LG	Landgericht
MDR	Monatsschrift für Deutsches Recht
NJW	Neue Juristische Wochenschrift
NJW-RR	NJW-Rechtsprechungsreport Zivilrecht

NStZ	Neue Zeitschrift für Strafrecht
NStZ-RR	NStZ-Rechtsprechungs-Report Strafrecht
NVwZ	Neue Zeitschrift für Verwaltungsrecht
NVwZ-RR	Neue Zeitschrift für Verwaltungsrecht. Rechtsprechungsreport
OGH	Oberster Gerichtshof (Österreich)
OLG	Oberlandesgericht
RdA	Recht der Arbeit
RGBl	Reichsgesetzblatt
RGZ	Entscheidungen des Reichsgerichts in Zivilsachen
Rn.	Randnummer
RPfleger	Der Deutsche Rechtspfleger
RuS	Recht und Schaden
SG	Sozialgericht
SGB	Sozialgesetzbuch
SozEntsch	Sozialrechtliche Entscheidungssammlung
SozR	Sozialrecht
StGB	Strafgesetzbuch
StPO	Strafprozessordnung
StVG	Straßenverkehrsgesetz
UStG	Umsatzsteuergesetz
VersR	Versicherungsrecht
VGH	Verwaltungsgerichtshof
VRS	Verkehrsrechtssammlung
VwGH	Verwaltungsgerichtshof
VwVfG	Verwaltungsverfahrensgesetz

WasserG Bay	Bayerisches Wassergesetz
WuM	Wohnungswirtschaft und Mietrecht

LITERATURVERZEICHNIS

Alpmann Brockhaus	Fachlexikon Recht, 1. Aufl. 2004
Beck`scher TKG-Kommentar	Telekommunikationsgesetz, 2. Aufl. 2000
Creifelds, Carl	Rechtswörterbuch, 13. Aufl. 1996
Dietze, Lutz/Hess, Karlernst/ Noack, Hans-Georg	Rechtslexikon für Schüler, Lehrer, Eltern 1974
Haft, Fritjof	Juristische Rhetorik, 3. Aufl. 1985
Hefermehl, Wolfgang	Wettbewerbsrecht, 22. Aufl. 2000
Holzke, Frank	Der Begriff Sport im deutschen und im europäischen Recht, 2001
Knies, Karl	Das Geld, 2. Aufl. 1885
Köbler, Gerhard	Juristisches Wörterbuch, 12. Aufl. 2003
Kodal, Kurt/Krämer, Helmut	Straßenrecht, 6. Aufl. 1999
Köst, Ewald	Juristisches Wörterbuch, 2. Aufl.1951

Leipziger Kommentar-[Bearbeiter]	Leipziger Kommentar zum Strafgesetzbuch, 11. Aufl. 2003
Lorz, Albert	Tierschutzgesetz, 5. Aufl. 1999
Martin, Anton	Sachversicherungsrecht, 3. Aufl. 1992
Metzger, Peter	Schweizerisches juristisches Wörterbuch, 1996
Mörtel, Georg	Gaststättengesetz, 4. Aufl. 1988
Von Münch, Ingo/ Kunig, Philipp	Grundgesetz-Kommentar, Band 1: Präambel bis Art. 19, 5. Aufl. 2000
Offerhaus, Klaus/ Söhn, Hartmut/ Lange, Hans-Friedrich	Umsatzsteuer-Kommentar, Band 2 Loseblatt, Stand 2004
Palandt-[Bearbeiter]	Bürgerliches Gesetzbuch, 63. Aufl. 2004
Rehbein, Gerhard	Lexikon Post, 1982
Reiner, Ludwig	Stilfibel, 27. Aufl. 1995
Rieger, Hans-Jürgen	Lexikon des Arztrechts, 1984

Schneider, Egon	Logik für Juristen, 3. Aufl. 1991
Scholz, Rainer/ Liesching, Marc	Jugendschutz, 2004
Schönke, Adolf/ Schröder, Horst	Strafgesetzbuch Kommentar, 26. Aufl. 2001
Spangenberg, Ernst	Ist der Dienstweg gestreut? Lyrik der Besoldungsstufe R1, 1986
Staudinger-[Bearbeiter]	Kommentar zum Bürgerlichen Gesetzbuch, 12. Aufl. 1979
Staupe, Jürgen	Schulrecht von A-Z, 1996
Teubner, Ernst	Satirisches Rechtswörterbuch, 3. Aufl. 1998
Weber, Klaus	Betäubungsmittelgesetz, 1999
Werner, Ulrich/ Pastor, Walter/ Müller, Karl	Baurecht von A-Z, 7. Aufl. 2000
Winkler, Günther	Zeit und Recht, 1995
Zipfel, Walter/ Rathke, Kurt-Dietrich	Lebensmittelrecht, Loseblatt-Kommentar, Stand 03/2004